सर्वश्रेष्ठ समृद्धि के 7 नियम

अपनी ज़िंदगी को सचमुच सार्थक बनाएँ!

सर्वश्रेष्ठ समृद्धि के 7 नियम

सेसिल ओ. केम्प जूनियर

और कैथरीन नाइट

अनुवाद : डॉ. सुधीर दीक्षित, रजनी दीक्षित

MANJUL

मंजुल पब्लिशिंग हाउस

MANJUL

मंजुल पब्लिशिंग हाउस

कॉरपोरेट एवं संपादकीय कार्यालय

द्वितीय तल, उषा प्रीत कॉम्प्लेक्स, 42 मालवीय नगर, भोपाल-462003

विक्रय एवं विपणन कार्यालय

7/32, अंसारी रोड, दरियागंज, नई दिल्ली-110002

वेबसाइट : www.manjulindia.com

वितरण केन्द्र

अहमदाबाद, बेंगलुरू, भोपाल, कोलकाता, चेन्नई,
हैदराबाद, मुम्बई, नई दिल्ली, पुणे

सेसिल ओ. केम्प जूनियर द्वारा लिखित मूल अंग्रेजी पुस्तक
7 लॉज़ ऑफ़ हाइएस्ट प्रॉस्पेरिटी का हिन्दी अनुवाद

यह हिन्दी संस्करण 2005 में पहली बार प्रकाशित
चतुर्थ आवृत्ति 2019

चेतावनी : वित्तीय सलाह अथवा सहायता की आवश्यकता होने पर किसी अनुभवी पेशेवर व्यक्ति की सेवा ली जानी चाहिए। लेखक एवं प्रकाशक द्वारा किसी वित्तीय अथवा निवेश से संबन्धित परामर्श के उद्देश्य से इस पुस्तक का लेखन अथवा विक्रय नहीं किया गया है।

ISBN 978-81-8322-023-1

हिन्दी अनुवाद : डॉ. सुधीर दीक्षित, रजनी दीक्षित

मुद्रण व जिल्दसाज़ी : रेप्रो इंडिया लिमिटेड

मैं यह पुस्तक अपने माता-पिता को समर्पित करता हूँ।

उनसे मैंने ज़िंदगी के कुछ सबसे मूल्यवान सबक़ सीखे हैं। सबसे महत्त्वपूर्ण बात, उन्होंने मुझे यह बताया कि ईश्वरीय बुद्धिमत्ता ज़िंदगी के बहुत से सवालों का सर्वश्रेष्ठ जवाब है।

1995 में मेरे डैडी की अप्रत्याशित मृत्यु के बाद से स्टीव वैरिनर का लोकप्रिय गीत "होल्स इन द फ़्लोर ऑफ़ हैवन" मेरी भावनात्मक और आध्यात्मिक यात्रा का वर्णन करता है।
डैडी, मैं महसूस करता हूँ जैसे स्वर्ग से आप अब भी मुझे ख़ुशी और गर्व से निहार रहे हैं। आपके जीवन, आपके उदाहरण, आपके प्रेम और आपकी मृत्यु ने ही मुझे लिखने की प्रेरणा दी।

आपको धन्यवाद।
मेरी माँ पेगी से मैं बस इतना ही कहना चाहता हूँ :
मुझे गर्व है कि मैं आपका बेटा हूँ।

विषय सूची

आभार

सबसे पहले तो मैं ईश्वर का आभारी हूँ।

मैं पाठकों का भी आभारी हूँ, जो आपने यह पुस्तक ख़रीदी। मैं यह आशा और प्रार्थना करता हूँ कि यह पुस्तक आपको प्रेरित करे, प्रोत्साहित करे, शक्ति दे ताकि आप अपनी ज़िंदगी और धन के बारे में समझदारीपूर्ण, सम्मानजनक और आशावादी निर्णय ले सकें।

मेरी पत्नी पैटी, हमारे बच्चों और उनके जीवनसाथियों को उनकी प्रार्थनाओं और प्रोत्साहन के लिए धन्यवाद, हीदर और क्रिस तथा रस्टी और ट्रेसी; डेकाटरविले की मिस क्लारा मिलिकन, बर्मिंघम की मिस डोरा मेडारिस और कई अन्य लोगों को भी धन्यवाद।

हमारे नाती-पोतों बर्ले, जेसी और जस्टस को धन्यवाद, जिन्होंने मेरी ज़िंदगी को आश्चर्य, ख़ुशी और उमंग से भर दिया है।

एम्बैसेडर एजेंसी के वेस योडर और रॉन मिलर को धन्यवाद। इसके अलावा उन रचनात्मक लोगों को भी धन्यवाद, जो पैटी और मुझे प्रेरित करते रहे तथा इस पुस्तक में विश्वास करते रहे और जिन्होंने शुरू से आख़िर तक अनूठा व बहुमूल्य योगदान दिया।

नॉर्थ कैरोलिना की सेलो वैली बुक्स की डायना डोनोवन को पांडुलिपि के संपादन, आंतरिक सज्जा और लेआउटिंग के लिए धन्यवाद। इसके अलावा नैशविले की एंडरसन-थॉमस डिज़ाइन की नैटेली कोक्स जेन्स, मोनिका हॉल और अन्य लोगों को कवर डिज़ाइन तथा बैक कवर के शब्दों के लिए धन्यवाद। आप सबका योगदान बहुत महत्वपूर्ण रहा!

अंत में, लेखन में सहयोग करने के लिए मैं कैथरीन नाइट का बहुत-बहुत आभारी हूँ। आप बहुत ख़ास हैं, सचमुच ज्ञानी हैं, और आपका जीवनदर्शन व जीवनमूल्य मेरे समान ही हैं। आपके संपादन और लेखन की योग्यताएँ इस पुस्तक में साफ़ झलकती हैं। आपका बुद्धिमत्तापूर्ण, सम्माननीय, आशावादी हृदय पाठकों को साफ़ नज़र आएगा। यह पुस्तक जितनी मेरी है, उतनी ही आपकी भी है।

प्रस्तावना

1923 में शिकागो में एक बहुत महत्वपूर्ण बैठक हुई। इसमें उन सशक्त लोगों ने भाग लिया, जो दौलत कमाने के रहस्य जानते थे। इनमें से नौ लोग उस समय दुनिया के सबसे दौलतमंद लोग थे।

पच्चीस साल बाद 1948 में ये दौलतमंद लोग कहाँ थे?

उनमें से छह यह तो जानते थे कि बहुत सा पैसा कैसे कमाया जाता है परंतु वे सचमुच समृद्ध नहीं हो पाए, क्योंकि उन्होंने सर्वश्रेष्ठ समृद्धि के 7 नियमों का पालन नहीं किया। गेहूँ पर दाँव लगाने वाला एक बड़ा निवेशक 1948 में विदेश में दिवालिया होकर मरा। एक बड़ी स्टील कंपनी का प्रेसिडेंट पाँच साल तक उधार लेकर जिया और इसके बाद दिवालिया होकर मरा। एक और बड़ी युटिलिटी कंपनी का प्रेसिडेंट क़ानून से भागते हुए विदेश में ग़रीबी में मरा। राष्ट्रपति की कैबिनेट का एक सदस्य जेल जाने से तो बच गया, परंतु कुछ समय बाद ही मर गया। न्यूयॉर्क स्टॉक एक्सचेंज का एक प्रेसिडेंट जेल में क़ैद था। एक सफल गैस कंपनी का प्रेसिडेंट पागल हो चुका था।

बाक़ी तीन लोग इन नियमों के अनुसार जिए *थे* और वे न सिर्फ़ दौलतमंद बने रहे, बल्कि वे सचमुच समृद्ध भी बने। वे इतिहास के उन लोगों में से एक थे, जो सबसे समृद्ध होने के साथ सबसे सुखी और सफल भी थे।

इस पुस्तक को पढ़कर देखें कि सैम नामक लकड़हारा आपको ज़िंदगी और दौलत के बारे में क्या सिखा सकता है!

हम आशा करते हैं कि हमने जिन तीन दौलतमंद लोगों के बारे में बताया है, उनकी और सैम नामक लकड़हारे की तरह ही आप भी सर्वश्रेष्ठ समृद्धि की यात्रा शुरू करने का विकल्प चुनेंगे।

सर्वश्रेष्ठ समृद्धि के 7 नियमों पर अमल करके ज़िंदगी को सार्थक बनाएँ!

1

बेचैन आवाज़

सैम नाम का एक युवा लकड़हारा था। वह लकड़ियाँ इकट्ठी करता था। उसके माता-पिता भी लकड़ियाँ इकट्ठी करके पेट पालते थे, और उनके माता-पिता भी यही काम किया करते थे। बहुत ही भले लोग, जिनका ज़िंदगी के बारे में बड़ा ही सीमित नज़रिया था। ज़िंदगी में अपनी जगह पर बने रहने के लिए वे बहुत कड़ी मेहनत करते थे - आख़िर ऐसा करने के लिए बहुत कड़ी मेहनत की ज़रूरत होती है। है ना?

और शायद इसीलिए गाँव वालों को यह बात अजीब लगी कि युवा सैम विचित्र क़िस्म के सवाल पूछता था। "शहर के अमीर लोग ईंट से बने आलीशान मकानों में क्यों रहते हैं? हम दिन भर जंगल में ज़मीन पर पड़ी लकड़ियाँ इकट्ठी करते हैं, ताकि शहर वालों को बेच सकें - परंतु इसके बावज़ूद हमारे पास जलाने के लिए इतनी कम लकड़ियाँ क्यों रहती हैं? ज़िंदगी में हमें इतनी कम ख़ुशी क्यों मिली है, जबकि हम बहुत कड़ी मेहनत करते हैं और दिन-रात काम करते हैं?"

किसी भी गाँव वाले के पास सैम के इन सवालों का जवाब नहीं था। एक बूढ़ी औरत, जिसकी कमर ज़िंदगी भर लकड़ियाँ ढोने के कारण झुक गई थी, झल्लाकर बोली, "अमीर लोग आलीशान मकानों में इसलिए रहते हैं, क्योंकि उनके पास दौलत है! हमारी क़िस्मत में दौलत नहीं है! हमारी क़िस्मत में तो यह है कि हम अपने काम से काम रखें और हमारे

पास जो है, उसी में ख़ुश रहें।”

सैम ने जवाब दिया, “परंतु आप ख़ुश नहीं हैं, मैग्डा। आप बोझा ढोते समय कराहती हैं और शहर वालों से ईर्ष्या करती हैं, जब वे स्वादिष्ट फल खाते हैं, संगीत कार्यक्रम और नृत्य का आनंद लेते हैं...।”

मैग्डा उसे झिड़कते हुए बोली, “मैं बहुत ख़ुश हूँ! मैं जानती हूँ कि मेरी जगह कहाँ है और मैं सेब, नाशपाती और शहरी नाच-गाने के बिना ही मज़े से रह सकती हूँ।” और इसके बाद वह बड़बड़ाती हुई अपने काम में जुट गई।

इस तरह सैम हर दिन लकड़ियाँ इकट्ठी करता रहा और अपनी शंकाओं, उत्सुकता तथा दिल की हसरतों को नजरअंदाज़ करने की कोशिश करता रहा...

फिर एक दिन...

...शहर से जो व्यापारी लकड़ी ख़रीदने आता था, वह बीमार पड़ गया और जंगल में बसे इस गाँव तक अपनी गाड़ी नहीं ला सका। सैम सहित गाँव के कई युवकों को जंगल के रास्ते शहर के चौराहे तक की लंबी यात्रा पर पैदल भेजा गया। उनकी कमर पर लकड़ियों के गट्ठर का भारी बोझ लदा था। यह पैदल यात्रा बहुत कष्टकारी थी और सैम यह सोचे बिना नहीं रह सका कि आख़िर गाँव में किसी के पास गाड़ी क्यों नहीं है।

शहर के चौराहे पर बहुत चहल-पहल थी। गाँव के ग़रीब लकड़हारे एक किनारे खड़े होकर इंतज़ार करते रहे कि कोई आकर उनकी लकड़ी ख़रीद ले। परंतु उनकी लकड़ी ख़रीदने के बजाय व्यापारी चौराहे पर दूसरा सामान बेचने वाले - ईंट बेचने वाले, काग़ज़ बेचने वाले, फल बेचने वाले, गेहूँ बेचने वाले - लोगों के आस-पास झुंड बनाकर खड़े थे, जो अपने-अपने सामान की तारीफ़ के पुल बाँध रहे थे।

यह देखने के बाद सैम चिल्लाया, “अगर किसी को सूखी और अच्छी जलाऊ लकड़ी की ज़रूरत हो, तो यहाँ से ले ले - जंगल की सबसे अच्छी लकड़ी।”

बाक़ी गाँव वाले सैम को हैरानी से घूरने लगे। एक आदमी बोला, "चुप रहो! हम लोग ग़रीब हैं और जंगल से लकड़ियाँ उठाकर उन्हें बेचते हैं। घमंड मत दिखाओ, क्योंकि हम ग़रीब गाँव वाले हैं-"

परंतु उसकी बात अधूरी रह गई, क्योंकि तभी हरे ऊनी कपड़े पहने एक आदमी वहाँ आया और सैम से उसकी लकड़ी के दाम पूछने लगा।

"गाँव में जो व्यापारी हमसे लकड़ियाँ ख़रीदता है, वह एक ढेर के दो सिक्के देता है। हम आपको भी इसी क़ीमत पर लकड़ियाँ दे देंगे।"

"दो सिक्के? सबसे अच्छी जलाऊ लकड़ी कितनी सस्ती मिल रही है! मैं पूरी लकड़ियाँ ख़रीद लूँगा।"

और इस तरह जंगल में रहने वाले लोग ख़ुशी-ख़ुशी घर लौटे, क्योंकि उनकी सारी लकड़ियाँ बिक गई थीं। हालाँकि इस लंबे सफ़र की वजह से वे थक भी गए थे। थकान की वजह से अगले दिन वे बहुत कम लकड़ियाँ बीन पाए, इसलिए वे बहुत कम लकड़ी लेकर शहर गए - शहर जाना अब भी ज़रूरी था, क्योंकि शहर से आने वाला व्यापारी गाँव तक आने लायक स्वस्थ नहीं हुआ था।

एक बार फिर वे शहर के चौराहे पर खड़े हुए और पहले की तरह सैम फिर चिल्लाया, "अगर किसी को सूखी और अच्छी जलाऊ लकड़ी की ज़रूरत हो, तो यहाँ से ले ले - जंगल की सबसे अच्छी लकड़ी।"

तत्काल हरे ऊनी कपड़ों वाला वही व्यक्ति सामने आ गया। परंतु इस बार वह सैम को अकेले में ले गया और धीमी आवाज़ में बोला :

"मैं एक बार फिर तुम्हारी सारी लकड़ियाँ दो सिक्के प्रति ढेर के दाम पर ख़रीद लूँगा, लेकिन मैं जानता हूँ ये इतनी सस्ती क्यों हैं। दूसरों की जलाऊ लकड़ियों का एक ढेर छह सिक्कों में मिलता है - जो ज़्यादा महँगा तो होता है - परंतु वह लकड़ी रात में ज़्यादा अच्छी जलती है। तुम्हारी लकड़ी में सीलन है। और यह थोड़ी गली हुई भी है, क्योंकि यह जंगल में ज़्यादा समय तक ज़मीन पर पड़ी रही। यह जलेगी तो सही, परंतु बहुत जल्दी जलकर राख हो जाएगी और इसमें धुआँ भी बहुत निकलेगा। मुझे बताओ, तुम्हारे चूल्हे में भी क्या ये लकड़ियाँ इसी तरह

नहीं जलती हैं?"

सैम ने एक पल सोचा, "हाँ। यह बहुत जल्दी जलकर राख हो जाती है। हमें आग जलाए रखने के लिए लगातार लकड़ियाँ डालना पड़ती हैं। इससे हमारे लकड़ी डालने वाले दिन-रात व्यस्त रहते हैं।"

"तो तुम मानते हो कि यह जंगल की सबसे अच्छी जलाऊ लकड़ी नहीं है?"

सैम ने जवाब दिया, "शायद नहीं है, परंतु हम पूरे दिन बहुत, बहुत कड़ी मेहनत करते हैं..."

"परंतु तुम यह तो मानते हो ना कि यह जंगल की सबसे अच्छी जलाऊ लकड़ी नहीं है?"

सैम ने धीमे से कहा, "मुझे लगता है कि मुझे यह मानना ही पड़ेगा।"

उस आदमी ने अपना वादा निभाते हुए सारी लकड़ियाँ ख़रीद लीं। इससे गाँव वालों को इतनी रक़म मिल गई कि वे अपने भोजन का इंतज़ाम कर लें और इससे उन्हें यह राहत भी मिली कि घर लौटते समय उनकी पीठ पर लकड़ियों का बोझ नहीं था। बहरहाल, लौटते समय पूरे रास्ते सैम यही सोचता रहा कि उसे अपने मन पर इतना बोझ क्यों महसूस हो रहा था...।

2

संकल्पवान हृदय

सैम भारी मन से गाँव लौटा, परंतु उसने अपने परिवार वालों या गाँव वालों से रात को कुछ नहीं कहा। इसके बजाय वह हरे ऊनी कपड़ों वाले उस आदमी के शब्दों पर विचार करता रहा।

अगली सुबह जब गाँव के लोग अपने काम पर जाने वाले थे, तो सैम ने अपने साथी लकड़हारे से बात करने का फ़ैसला किया :

"हम हमेशा ऐसी लकड़ी इकट्ठी करते हैं, जो सबसे आसानी से मिल जाए और जिसे उठाने में भी आसानी हो। है ना?"

"और क्या?"

"और ऐसा क्यों है?"

"क्योंकि यह हमेशा से होता आया है। इस काम में बहुत ज़्यादा मेहनत लगती है। फिर हम लकड़ी खोजने के लिए ज़्यादा दूर जाने की मूर्खता क्यों करें या फिर जंगल में गिरी लकड़ियों के बड़े लट्ठों को क्यों ढोएँ। ज़रा सोचो तो सही, हमारी कमर में कितना दर्द होगा!"

"परंतु हम ग़रीब हैं। शायद हम इसीलिए ग़रीब हैं, क्योंकि हम घटिया लकड़ियाँ बेचते हैं," सैम ने सुझाव दिया।

उसका साथी चलते-चलते रुक गया और सैम को घूरते हुए ग़ुस्से से बोला, "क्या तुम गाँव वालों की कड़ी मेहनत का अपमान कर रहे हो?"

"मैं तो सिर्फ़ -"

उसके साथी ने कहा, "क्या तुम हमारी मेहनत को घटिया कह रहे हो?"

"नहीं, नहीं, बिलकुल नहीं," सैम बोला। "मैं तो सिर्फ़ यह सोच रहा था कि अगर हम अलग तरीक़े से कड़ी मेहनत करें, तो हमें ज़्यादा फ़ायदा हो सकता है। शायद हम -"

"शायद हम फ़ालतू बातें करना बंद कर सकते हैं और अपना काम शुरू कर सकते हैं। हम कौन होते हैं, जो सदियों से चली आ रही परंपराओं के बारे में सवाल पूछें? क्या हमारे पास ब्रेड ख़रीदने लायक पैसे नहीं होते हैं? क्या वह हर दिन अपनी गाड़ी में शहर से गाँव तक पर्याप्त सामान नहीं लाता है? क्या हमारे पास अपनी लकड़ी-और-मिट्टी की झोंपड़ी में सिर छुपाने की जगह नहीं है? क्या हम सब हिल-मिलकर नहीं रहते हैं और एक-दूसरे का... एक-दूसरे का..."

"दुख नहीं बाँटते हैं?" सैम ने जवाब सुझाया।

साथी लकड़हारा तनकर खड़ा हो गया - जितना उसकी झुकी हुई कमर इजाज़त देती थी - और ग़ुस्से से पेड़ों को घूरता रहा, "माना कि हम ग़रीब हैं। माना कि हम दुखी भी हैं। लेकिन इसके बावज़ूद हम गाँव वालों में एकता है और मुझे अपने काम पर गर्व है। शाम को मेरी थकान इस बात की निशानी होती है कि मैं अपने परिवार और गाँव के प्रति अपना योगदान दे रहा हूँ। देखो नौजवान, बेहतर होगा कि तुम भी अपने काम पर गर्व करना शुरू कर दो। अब तुम मेरा सिर मत खाओ और मुझे काम करने दो।"

सैम काफ़ी देर तक खड़े-खड़े सोचता रहा। उसने अपने साथी लकड़हारे की बातों के बारे में सोचा। उसने शहर के आदमी की बातों के बारे में भी सोचा। उसने यह भी सोचा कि उसका दिल क्या कहता है...।

फिर वह ख़ुद से बोला, "मैं ऐसा ही करूँगा। मैं आज से अपने काम पर गर्व करूँगा।"

दोपहर में सभी लकड़हारे अपनी दिन भर की मेहनत को गाँव तक

ले आए। लकड़ियों और शाखाओं के बड़े ढेर लग गए, जिन्हें शहर जाने वाले आदमियों की पीठ पर लादा जाना था। यह ढेर उतना बड़ा तो नहीं था, जितना हर रोज़ होता था, क्योंकि हर दिन शहर जाने के कारण कुछ लकड़हारे थक जाते थे, परंतु उन्होंने सोचा कि इससे कम से कम शाम के खाने लायक ब्रेड ख़रीदने के पैसे तो मिल ही जाएँगे।

तभी जंगल से किसी के ख़ुशी-ख़ुशी सीटी बजाने की आवाज़ सुनाई दी। गाँव वालों ने उस दिशा में अपना सिर घुमाया। उधर से सैम आ रहा था और उसके पास छोटी-छोटी लकड़ियों का ढेर नहीं था, बल्कि कुछ बड़ी शाखाएँ थीं - और ओक के पेड़ के दो लट्ठे भी थे। उसने मुस्कराते हुए उन्हें गाँव वालों की लकड़ियों के पास रख दिया।

एक महिला बोली, "मूर्ख लड़के! तुमने बाक़ी सबसे कम लकड़ियाँ इकट्ठी की हैं। तुमने अपने काम में आलस्य किया है।"

सैम ने मुस्कराते हुए जवाब दिया, "नहीं, मैंने आलस्य नहीं किया है। मैं वह सबसे अच्छी लकड़ी लाया हूँ, जो मैं ढूँढ़ सका। और इसका मतलब यह है कि मैं जंगल में बहुत आगे तक गया, जब तक कि मुझे वह जगह नहीं मिल गई, जिसकी मुझे तलाश थी - नई सड़क के पास, जिसे राजा ने कुछ साल पहले बनाया है। इन सुंदर लकड़ियों को देखो! वे बहुत अच्छी जलेंगी! मैंने कड़ी मेहनत की है, मैं बहुत दूर तक पैदल चला हूँ और मेरे पैर बहुत थक चुके हैं!"

यह सुनकर एक गाँव वाला बोला, "परंतु तुम तो... सीटी बजा रहे थे!"

सैम ने सिर हिलाया, "मेरे पैर थके हैं, परंतु मेरा दिल ख़ुश है क्योंकि मैं जानता हूँ कि आज मैंने अपना सर्वश्रेष्ठ काम किया है और मैं सर्वश्रेष्ठ लकड़ी लेकर आया हूँ।"

बाक़ी लोगों को पता नहीं था कि इसका क्या जवाब दिया जाए। बुदबुदाते हुए उन्होंने लकड़ियों के ढेर उन लोगों की पीठ पर लाद दिए, जो उन्हें शहर तक ले जाने वाले थे। सैम ने अपने पूरे गट्ठर को ख़ुद ही उठाने का फ़ैसला किया और आश्चर्य की बात तो यह थी कि उसने रास्तेभर उफ् तक नहीं की।

जब शाम को गाँव वाले घर लौट रहे थे, तो उसने अपनी डींगें भी नहीं हाँकीं। हालाँकि उसका दिल ख़ुश था कि हरे ऊनी कपड़ों वाले आदमी ने उसकी बहुत अच्छी लकड़ी के बदले में उसे छह सिक्के दिए थे, परंतु उसने अपने साथी गाँव वालों की हँसी नहीं उड़ाई। उसका सीना गर्व से फूल गया, जब उसने अगले दिन ब्रेड वाले को छह सिक्के थमाकर अपने और गाँव वालों के लिए अतिरिक्त ब्रेड ली, बहरहाल उसने किसी को भी यह बात नहीं बताई। इसके बजाय वह मेहनत से काम में जुटा रहा, हमेशा सीटी बजाता रहा और हमेशा ख़ुशी-ख़ुशी...

फिर एक दिन...

...शहर से आकर लकड़ियाँ ख़रीदने वाला व्यापारी स्वस्थ हो गया और जलाऊ लकड़ी ख़रीदने के लिए जंगल में बसे इस गाँव तक अपनी गाड़ी दोबारा लेकर आने लगा। गाँव वाले ख़ुश थे, क्योंकि हर दिन शहर जाने की वजह से वे थक जाते थे और कम लकड़ियाँ इकट्ठी कर पाते थे। अगर हर दिन सैम को मिलने वाले छह सिक्कों का सहारा न होता, तो कई गाँव वाले तो भूखे रह जाते।

सच्चाई तो यह थी कि हर व्यक्ति राहत महसूस कर रहा था... सिवाय सैम के, जिसे शहर की चहल-पहल की आवाज़ों और नज़ारों में मज़ा आने लगा था। बर्तन वालों, सेब बेचने वालों, माँओं और उनके गोलमटोल सेहतमंद बच्चों के चमकते चेहरे देखना उसे अच्छा लगता था। उसे हर चीज़ याद थी - सफ़ाई से चिरे हुए लट्ठों और सूरज की गर्मी में पकी ईंटों से बने मज़बूत घर, सबसे अमीर शहर वालों के गर्म और साफ़ कपड़े - जो हरे, नीले, लाल, पीले थे...। उसकी नज़रों में यही समृद्धि थी। यह सब देखकर सैम चमत्कृत था और हर बार शहर जाने के लिए व्याकुल रहता था। इसी वजह से उसे अपनी पीठ पर लदी लकड़ियों का बोझ महसूस नहीं होता था।

लेकिन अब शहर जाना बंद हो गया था। इसके बजाय वे ज़्यादा समय तक लकड़ियाँ इकट्ठी करते थे, ज़्यादा लकड़ियाँ इकट्ठी करते थे और लगातार लकड़ियाँ इकट्ठी करते थे। सैम को उस जगह पर लकड़ियाँ खोजने में गर्व महसूस होता था, जहाँ सूखे पेड़ एक-दूसरे से

टिके थे और जहाँ वह झूलती हुई शाखाओं के बीच से रास्ता बनाता था। उसे गर्व महसूस होता था कि उसकी पैनी नज़रें उन चटकी हुई और गिरी हुई लकड़ियों को परख लेती थीं, जो गीली नहीं हुई थीं। हर दिन लकड़ी ख़रीदने वाले को अपनी अच्छी लकड़ी देते समय उसे गर्व महसूस होता था, परंतु वह ज़िंदगी में ज़्यादा संतुष्टि और ख़ुशी चाहता था।

और इस तरह - हालाँकि उस समय सैम को ज़रा भी पता नहीं था कि आगे क्या होने वाला है - सैम के लकड़ियाँ काटने के लंबे घंटों का सर्वश्रेष्ठ उपयोग हुआ। क्योंकि बेहतर जीवन की चाहत के इन लंबे दिनों के दौरान... सैम सपने देखने लगा...।

3

सपनों की शुरुआत!

लकड़हारों के लंबे, थकान भरे दिन का शायद ही कभी कोई अर्थ होता है। हर दिन लगभग एक जैसा ही होता है : ऊबाऊ, बोरियत से भरा... जो आत्मा, मन और शरीर से ख़ुशी, सुंदरता और आशा को चूस लेता है। इसी वजह से गाँव वालों ने अपने नीरस जीवन में सार्थकता पाने के लिए ख़ुद के ओढ़े हुए वैराग्य का सहारा लिया। उन्होंने यह मान लिया कि ऐसी ज़िंदगी जीना उनकी तक़दीर में लिखा है। अगर वे यह सोचने की हिम्मत करते कि वे अपनी ज़िंदगी को बेहतर बना सकते हैं, तो इसका मतलब ख़ुद को असफल मानना होता। क्या उनके पास खाने को पर्याप्त नहीं होता है? क्या उनका लक्ष्य नहीं है - हालाँकि वह लक्ष्य महत्वहीन है - जंगल में पड़ी गली हुई लकड़ियाँ बीनना और शहर वालों के लिए सस्ते ईंधन का इंतज़ाम करना? निश्चित रूप से उनकी स्थिति शहर के भिखारियों से तो बेहतर है या शहर के उन दौलतमंद ज़मींदारों से, जो अपनी ढेर सारी दौलत के बावज़ूद बहुत अकेलापन और दुख महसूस कर रहे होंगे...।

और इस तरह, हर शाम को गाँव वाले रटी-रटाई प्रार्थना में ईश्वर को धन्यवाद देते थे, जिसने उन्हें आजीविका चलाने के लिए लकड़ी दी।

परंतु सैम अलग तरीक़े से प्रार्थना करता था, "हे ईश्वर, इस

लकड़ी को गाँव तक लाने की शक्ति देने के लिए बहुत-बहुत धन्यवाद, क्योंकि इससे ज़्यादा पैसा मिलता है, जिससे हम सबको लाभ होता है।"

और सैम के दिन भी बाक़ी लोगों से थोड़े अलग गुज़रते थे। हर दिन वह सीटी बजाता हुआ लौटता था। और हर सुबह वह काम करने की उत्सुकता के साथ जागता था, क्योंकि जंगल में उसे लकड़ियाँ ही नहीं, और भी बहुत कुछ मिलता था। वहाँ उसे राहत मिलती थी और शांति भी। वहाँ वह अपने आस-पास की आवाज़ों को सचमुच सुन सकता था और अपने दिल के सपनों की आवाज़ को भी।

दिन भर वह "दिवास्वप्न" देखता था कि वह अपनी कमाई से तब तक बचत करेगा, जब तक कि वह एक गाड़ी न ख़रीद ले। ऐसा करना कितना बढ़िया रहेगा! गाड़ी होने पर दो लोग हर दिन लकड़ियाँ लेकर शहर जा सकते हैं - और निश्चित रूप से अगर गाँव वाले शहर तक लकड़ियाँ ले जाएँ, तो ख़रीदार उन्हें थोड़े ज़्यादा पैसे देगा! और उसी गाड़ी में शहर से गाँव तक ब्रेड भी लाई जा सकती है - और निश्चित रूप से अगर ब्रेड वाले को गाँव तक न आना पड़े, तो वह कम पैसे लेगा... और शायद - दूसरे लकड़हारे भी उसके साथ अच्छी लकड़ियाँ इकट्ठी करने के लिए तैयार हो जाएँगे और गाँव वालों के पास ताज़े फल ख़रीदने लायक पैसे हो जाएँगे... और शायद गाँव वाले कम घंटे काम करेंगे और कभी-कभार शाम को आग के चारों तरफ़ नाच-गाने का आनंद भी लेंगे...! उनके चेहरों और उनके बच्चों के चेहरों पर ख़ुशी की मुस्कान होगी।

सैम हर दिन ख़ुश रहता था - उसे कड़ी मेहनत और जोशीले सपनों से भरे दिनों से प्रेम था।

लेकिन जब उसने गाँव वालों को अपने विचार बताए, तो उसे जवाब में उदासीन या नफ़रत भरी निगाहें ही मिलीं।

"तुम सपने देखने में अपना दिन बर्बाद करते हो?"

"सैम कहता है, एक गाड़ी ख़रीदना चाहिए! गाड़ी की मरम्मत करना पड़ेगी! बारिश के दिनों में गाड़ी कीचड़ में फँस जाएगी! शहर वालों को ही गाड़ी की झंझटों में पड़ने दो - उन्हें ही गाड़ी का मालिक बनने की समस्याओं में उलझने दो - उन्हें *हमारे* पास आने दो।"

"तुम चाहते हो कि हम सब लकड़ी की तलाश में दूर तक जाएँ और पेड़ पर चढ़कर लकड़ियाँ तोड़ें, जबकि हम उन्हें जंगल की ज़मीन से आराम से उठा सकते हैं? अगर हम गिर गए और हमारी कमर टूट गई, तो क्या होगा?"

सैम ने यथासंभव शांत रहते हुए कहा, "नहीं, नहीं। आप नहीं गिरेंगे। मैं कुछ युवकों को सिखा दूँगा कि टहनियों को कैसे तोड़ना है। बाक़ी लोग उन्हें गिरने से बचाने के लिए उनके टखने पकड़े रहेंगे। ज़्यादा उम्र वाले लोग नीचे गिराई गई टहनियों को जमा सकते हैं, ताकि उन्हें आसानी से गाँव तक लाया जा सके। अगर सब मिलकर इस तरह से काम करें, तो हम कम समय में ज़्यादा अच्छी लकड़ियाँ इकट्ठी कर सकते हैं। और हालाँकि दूरी ज़्यादा है, परंतु लकड़ी का वज़न कम होगा, क्योंकि यह उस लकड़ी से ज़्यादा सूखी होगी, जिसे आप लोग अब तक इकट्ठी करते रहे हैं। अगर हमारी सारी लकड़ी सूखी और ठोस होगी, तो शहर से आने वाला व्यापारी इसके लिए ज़्यादा पैसे देगा, क्योंकि शहर वाले ऐसी ही लकड़ी चाहते हैं..."

"*शहर वाले* चाहते हैं! *वे* चाहते हैं! तुम्हें तो बस इसी बात की परवाह है कि *वे* क्या चाहते हैं! क्या तुम उनके नौकर हो! अगर तुम हर दिन लकड़ी लेकर शहर जाओगे, तो भी वे एहसान नहीं मानेंगे - वे ज़्यादा पैसे नहीं देंगे।"

"सबसे पहले तो तुमने वह लकड़ी इकट्ठी करने को कहा, जो *वे* चाहते हैं... फिर तुमने कहा कि हम भी वही करें, जो वे चाहते हैं और अब तुम यह भी कहते हो कि हम इन लकड़ियों को *शहर तक* भी ले जाएँ! तुम गाँव वाले हो या शहर वाले?"

"क्या हम लोग एक डोर से नहीं बँधे हैं...?" सैम ने कहना शुरू किया।

"*तुम उनकी* डोर से बँधे हो। वे हमारी ज़रा भी परवाह नहीं करते हैं। वे हम ग़रीब, कमज़ोर लकड़हारों को इस तरह देखते हैं, जैसे उनकी नज़रों में हमारी कोई अहमियत ही न हो। हम उन्हें ख़ुश करने के लिए अपनी कमर क्यों तोड़ें?"

सैम चुपचाप अपने काम में जुट गया और ख़ामोशी से सोचता रहा, ''क्योंकि वे हम ग़रीब, कमज़ोर लकड़हारों को इस तरह *देखते हैं*, जैसे उनकी नज़रों में हमारी कोई अहमियत ही न हो।''

और इस तरह सैम अपने लकड़ी इकट्ठे करने के दिन काटता रहा। इस दौरान उसके सपने और आशाएँ उसके मन में ही घुमड़ती रहीं। परंतु उसके दिल में प्रेरणा की उमंग थी और उसकी आँखों में ख़ुशहाल ज़िंदगी के सपने थे - एक ज़्यादा सुखद ज़िंदगी, जिसमें ऊबाऊ काम नहीं बल्कि आनंददायक जश्न हो...

फिर एक दिन...

...सैम के मन में अचानक एक ऐसा विचार आया, जिसके बारे में उसे लगा कि वह दैवी प्रेरणा से उत्पन्न हुआ है। लकड़ियाँ खोजते समय, पेड़ों पर से उतरते समय, ज़मीन पर गिराई गई लकड़ियों को इकट्ठा करते समय और गाँव तक उन्हें ले जाने के लिए जमाते समय सैम गंभीरता से प्रार्थना करता रहता था, "हे ईश्वर, तुमने इस जंगल की सभी अद्भुत चीज़ों को बनाया है। निश्चित रूप से तुम अपने बच्चों को सुखी देखना चाहते हो। बहरहाल हम बहुत बुरी ज़िंदगी के चक्रव्यूह में फँसे हुए हैं - क्योंकि इससे बुरा क्या हो सकता है कि हम सारा दिन लकड़ियाँ इकट्ठी करते रहें और ग़रीबी में जीते रहें, और इसके बावज़ूद हमारी ज़िंदगी में ख़ुशी का नामोनिशान न हो? और इससे बुरा क्या हो सकता है कि ख़ुद की तथा अपने साथी गाँव वालों की ज़िंदगी को बेहतर बनाने की कोशिश की जाए और बदले में उन्हीं की आलोचना सुनने को मिले? इससे बुरा क्या हो सकता है?" उसने अपनी प्रार्थना में पूछा। फिर अचानक एक विचार इतनी सच्चाई और वज़नदार तरीक़े से उसके मन में आया कि वह स्तब्ध रह गया और उसके हाथ से एक सूखी टहनी छूटकर नीचे गिर गई।

ग़रीबी से भी बुरी एक और चीज़ होती है। आलोचना से भी बुरी एक और चीज़ होती है। यह बहुत बुरी होती है। यह है सपना देखना - अंतरात्मा की आवाज़ सुनना - और कुछ न करना। यह है ईश्वर और अपनी अंतरात्मा के बजाय उन लोगों की बात सुनना, जो कुछ नहीं जानते थे।

उस एक पल में सैम को यह एहसास हो गया कि उसकी ज़िंदगी जंगल में बसे इस गाँव तक सिमटकर नहीं रह सकती। कोई बेहतर चीज़ उसका इंतज़ार कर रही थी और इससे ''बाहर निकलने'' का उसे एक ही रास्ता मालूम था... शहर जाना।

अगले दिन सैम ने वह किया, जो किसी गाँव वाले ने काफ़ी लंबे समय से नहीं किया था। उसने अपने कपड़े बटोरे, अपनी पीठ पर अच्छी लकड़ियों का एक बड़ा ढेर लादा और गाँव वालों से प्रेमपूर्ण विदा ली। अपने दिल में गीत गुनगुनाते हुए और मन में एक सपना लिए हुए वह शहर तक जाने वाली लंबी राह पर आगे बढ़ने लगा।

4

दौलतमंद... बनना ?

इस तरह सैम शहर वाला बन गया। उसने अपनी लकड़ियाँ बेचकर आठ सिक्के कमाए और हरे ऊनी कपड़ों वाले आदमी से पूछा कि उसे रहने की ठीक-ठाक जगह और काम कहाँ मिल सकता है।

चूँकि सैम अपनी ईमानदारी साबित कर चुका था, इसलिए हरे ऊनी कपड़ों वाले आदमी ने उसे एक फ़ोरमैन के पास भिजवा दिया, जो शहर में मकान बनाने का काम सँभालता था। इसके अलावा उसने सैम के रहने के लिए अपने अस्तबल में एक आरामदेह जगह भी तैयार कर दी, जब तक कि वह इतना न कमाने लगे कि कहीं किराए पर कमरा लेकर रह सके।

सैम ग्रेको नामक फ़ोरमैन के यहाँ काम करने लगा। वह मकान बनाने के लिए गिराए गए बड़े पेड़ों को ढोकर ले जाता था, जिन्हें काटकर काम में लाया जाता था। सैम एहसानमंद था। वह इस बात के लिए ईश्वर का आभारी था कि उसे सेवा करने का अवसर मिल रहा है, वह लकड़ी इकट्ठी करने के अपने ज्ञान का प्रयोग कर रहा है और इसके बदले में उसे आमदनी हो रही है। वह मेहनत और ईमानदारी से काम करता था - वह दिन भर सीटी बजाता था और रात भर गहरी नींद में सोता था - और जल्दी ही उसने इतनी बचत कर ली कि वह प्रमुख

कारीगर के कैरिज हाउस के ऊपर एक छोटा आरामदेह कमरा किराए पर ले सके।

सैम ने अपने साथी कामगारों से वह सब कुछ सीखा, जो वह सीख सकता था। उसकी पारखी निगाहों और तर्कशक्ति से न सिर्फ़ उसके साथी, बल्कि फ़ोरमैन भी प्रभावित हुआ। सैम ने दो पहियों की एक मज़बूत गाड़ी बनाकर अपने साथियों को दी, जिसकी बदौलत कम आदमी ज़्यादा लट्ठे ढो सकते थे। वे जो पेड़ काटते थे, उनके बदले में उसने नए पेड़ लगाने का काम भी शुरू किया, जिससे यह साबित होता था कि उसके पास दूरदृष्टि है और वह अगली पीढ़ी की परवाह करता है। अपने काम के घंटों के बाद वह बिना पैसे लिए शहर के ग़रीब लोगों की मदद करता था और उनके लिए लकड़ी-और-मिट्टी की छोटी झोंपड़ियाँ बनाता था।

ज़ाहिर है, इतने अच्छे कर्मचारी की तरफ़ फ़ोरमैन का ध्यान जाना ही था। एक साल के भीतर ही ग्रेको ने उससे कहा कि अब वह शहर में बड़े मकान और दुकान बनाने वाले निर्माण समूह में काम करे।

सैम ने जवाब दिया, "मुझे लगता है, मुझे आपको ईमानदारी से यह बता देना चाहिए कि मैंने सिर्फ़ झोंपड़ियाँ ही बनाई हैं। मैं चौखट बनाने, पत्थर के काम या चिनाई के बारे में दरअसल कुछ भी नहीं जानता हूँ। मैं सीखने के लिए उत्सुक हूँ, परंतु –"

ग्रेको ने जवाब दिया, "तुम इस काम के लिए बिलकुल आदर्श रहोगे। चूँकि तुम कुछ नहीं जानते हो, इसलिए तुम सही तरीक़े से सारा काम सीख लोगे। चलो, शुरू कर दो!"

और उसने शुरू कर दिया।

सैम कृतज्ञ, गंभीर, ख़ुश और भविष्य के प्रति आशावादी था। उसकी ज़िंदगी में एक नया मोड़ आ गया था। अब वह एक नया काम करने लगा था और ज़िंदगी को एक नए नज़रिये से देखने लगा था। विशाल मकानों और इमारतों को देखकर वह आश्चर्यचकित रह जाता था, जिनके बनने में उसकी मेहनत का भी योगदान होता था। शहर के बाहरी हिस्से में बनी झोंपड़ियाँ उसे अपने दिमाग़ में मीलों दूर नज़र आती थीं। उसके मन में जंगल में बसी गाँव वाली झोंपड़ियों की तो

अब सिर्फ़ धुँधली याद ही बची थी - एक गुज़री हुई ज़िंदगी, एक धुँधला सपना...।

अब सैम एक बड़े और प्रगतिशील शहर का निवासी बन चुका था। उसने शहर में सबसे अच्छे कपड़े सिलने वाली सूज़ेट के सामने विवाह का प्रस्ताव रखा और उससे शादी कर ली। सूज़ेट भी सैम से प्रेम करती थी और उससे प्रभावित थी। इस वजह से एक बार फिर सैम को महसूस हुआ कि ईश्वर बहुत दयालु है। शादी के बाद वह सूज़ेट को अपने छोटे कमरे में ले गया और उससे वादा किया कि दो साल के भीतर वे अपना ख़ुद का घर ख़रीद लेंगे। दोनों ने एक साथ अपने घर का सुंदर सपना देखा और उसकी योजना बनाई - बाज़ार के बीच में एक आरामदेह घर, जिसमें आगे के कमरे में एक बड़ी खिड़की हो, जहाँ सूज़ेट सिलाई-कढ़ाई कर सके और ग्राहकों का स्वागत कर सके। एक साथ मिलकर उन्होंने अपने सुखी परिवार का सपना देखा। उन्होंने आरामदेह घर में रहने की कल्पना की, जहाँ वे ख़ुश रह सकें और जहाँ उनकी आत्मा तथा शरीर के भरण-पोषण के लिए अच्छी पुस्तकें और पर्याप्त भोजन हो। सैम ने अब तक ख़ुद को कभी इतना ख़ुशक़िस्मत या समृद्ध महसूस नहीं किया था!

परंतु इंसान के बारे में दो विरोधाभासी बातें सच हैं। एक तो यह है कि लोग किसी भी चीज़ के आदी हो सकते हैं : वे बेहद घटिया या अमानवीय स्थिति में रह सकते हैं और अपनी अपेक्षाओं व आशाओं को सीमित करके ज़िंदा रह सकते हैं। दूसरी बात यह है कि लोग चाहे कितने भी सुखी हों, उनमें अधिक चाहने की प्रवृत्ति होती है - सिर्फ़ इसलिए क्योंकि वे "अधिक" का स्वामी बनना चाहते हैं। वे उन चीज़ों को पाना चाहते हैं, जो उनसे ज़्यादा दौलतमंद लोगों के पास हैं और फिर उन्हें हासिल करने के बाद वे उन चीज़ों को पाना चाहते हैं, जो सबसे दौलतमंद आदमी के पास हैं। "मैं भी" की आवाज़ चुपके से उनके मन में दाख़िल हो जाती है तथा दैवी प्रेरणा, आनंद और सत्य की स्पष्ट, धीमी, गहरी आवाज़ को बाहर निकाल देती है।

और सैम भी इंसान ही था। (हालाँकि इस मोड़ पर वह इतना सदाचारी, ख़ुश और सम्मानित दिखता है कि वह इंसान नहीं लगता, परंतु वह दरअसल इंसान ही था।) "मैं भी" की आवाज़ उसके मन में

भी घर कर गई। यह इतने धीमे से, इतने चुपके से आई कि न तो उसे और न ही सूज़ेट को इस बदलाव की भनक लगी, जब तक कि सैम उस मोड़ पर नहीं मुड़ गया, जहाँ आगे चलकर उसके सामने कर्ज़, कमियों और दुख के अवरोध आ गए।

यह तब शुरू हुआ, जब सैम के एक साथी ने एक छोटा मकान ख़रीद लिया। हालाँकि उसकी आमदनी सैम से कम थी, परंतु उसे अपने माता-पिता और भाई की आर्थिक मदद पर भरोसा था। सैम के मन में भी *तत्काल* मकान ख़रीदने की इच्छा जागी। सूज़ेट की चिंताओं के बावज़ूद उसने मकान के लिए कर्ज़ ले लिया, जिससे उनका ख़र्च बढ़ गया। परिणामस्वरूप, अब उसे ज़्यादा देर तक काम करना पड़ता था।

सौभाग्य से, बेहतरीन काम की वजह से उसका प्रमोशन हो गया और वह फ़ोरमैन बन गया। इस बात से उसे ख़ुशी हुई, क्योंकि अब उसकी आर्थिक समस्याएँ कम हो गई थीं और अब वह अपने समूह का प्रभारी बन गया था। उसने अपने समूह को तत्काल यह निर्देश दिया वे ईमानदारी से, कुशलता से और हर चीज़ का ध्यान रखते हुए मकान बनाएँ। उसका समूह कुछ ही समय में इतना लोकप्रिय हो गया कि शहर भर के लोग उसी से काम करवाना चाहते थे। यहाँ तक कि पड़ोसी शहरों में भी उसके समूह की काफ़ी माँग थी।

...

सैम को शहर आए ग्यारह साल हो चुके थे। वह छह साल से फ़ोरमैन का काम कर रहा था। अब तक सैम और सूज़ेट के तीन बच्चे हो चुके थे, लेकिन सैम काम में ही जुटा रहता था। बच्चों के साथ खेलने या अपने आरामदेह घर का आनंद उठाने के लिए वह घर पर बहुत कम देर रह पाता था। जो भी काम सामने आता था, सैम उसे ले लेता था। वह दिन-रात काम में जुटा रहता था और अपने समूह को भी जुटाए रखता था। सैम की दौलत बढ़ गई थी, परंतु उसकी इच्छाएँ भी उतनी ही बढ़ गई थीं। जब एक दिन सैम ने ग्रेको को एक नए सूट में देखा, तो उसने भी अगले दिन उसी तरह के सूट का ऑर्डर दे दिया। जब एक दिल सैम ने मेयर को शहर में अपनी काली गाड़ी में घूमते देखा, तो

उसने क़सम खाई कि वह भी तीन साल में वैसी ही गाड़ी ख़रीद लेगा। बहरहाल उससे इतना सब्र नहीं हुआ और छह महीने बाद ही उसने उधार लेकर गाड़ी ख़रीद ली। दौलतमंद लोगों के संपर्क में आने के बाद सैम को यह जानकारी मिली कि वे अपने व्यवसाय के अलावा दूसरे व्यवसायों में भी निवेश करते हैं। हालाँकि सैम अज्ञानी और असुरक्षित महसूस करता था, परंतु साथ ही वह प्रेरित और महत्वाकांक्षी भी महसूस करता था। वह ख़ुद को न सिर्फ़ अच्छा काम करने वाला मानता था, बल्कि स्मार्ट भी मानता था। उसे लगता था कि दौलतमंद लोगों की तरह ही उसे भी हर अच्छी चीज़ का आनंद लेने का पूरा हक़ है।

सूज़ेट दिन भर अपने बच्चों का लालन-पालन करती थी और सिलाई का काम करती थी। उसे यह देख-देखकर चिंता होने लगी थी कि सैम दिनोदिन ज़्यादा परेशान, उदासीन और स्वार्थी होता जा रहा है। वह अब काम करते समय सीटी नहीं बजाता था। उसके समूह के लोग अब उसके निर्देशों - या उसके आदेशों - को पसंद नहीं करते थे और कुछ तो उसे छोड़कर दूसरे समूहों में काम करने चले गए थे, हालाँकि वहाँ पर उन्हें कम मज़दूरी मिलती थी। एक दिन सैम ने घर आकर सूज़ेट को बताया कि वह मिलर स्ट्रीट पर ईंटों से बना एक बहुत बड़ा मकान ख़रीदने वाला है। सूज़ेट को समझ में नहीं आ रहा था कि इस बात पर वह ख़ुश हो या चिंता करे। उसने समझदारी से पूछा कि वे उस घर के कर्ज़ की क़िस्तें कैसे चुका पाएँगे। सैम का जवाब था, "शहर के सबसे अच्छे फ़ोरमैन को सबसे सफल दिखना भी चाहिए - मैं इतने छोटे मकान में नहीं रह सकता! समृद्ध बनने के लिए सफल दिखना भी ज़रूरी है।"

और सैम के मन में यह विचार कहाँ से आया? निश्चित रूप से उस आवाज़ ने तो उसे यह विचार नहीं दिया था, जो उसे जंगल की शांति के बीच कभी सुनाई दी थी...।

सैम सचमुच समृद्ध दिखने लगा था - परंतु बढ़ते कर्ज़ के कारण वह सामने आने वाले हर काम को लेने लगा था। वह अपने समूह से कहता था कि वे फटाफट काम निबटाएँ, ताकि वे नए मकानों या दुकानों पर काम शुरू कर सकें। उसने अपने सर्वश्रेष्ठ कारीगरों और अपनी पत्नी के इस आग्रह को अनसुना कर दिया कि वह थोड़ा ठहरकर अपने

निर्णयों के बारे में सोचे। इसके बजाय उसने धोखेबाज़ व्यापारियों की सलाह मानकर ग़लत जगह पर अपने पैसे का निवेश किया और अपना धन गँवा दिया। धीरे-धीरे लोग उससे काम करवाने में कतराने लगे, उसका घरेलू जीवन प्रभावित हुआ, उसका मन अशांत हो गया और उसका बिज़नेस ठप्प होने लगा।

मिलर स्ट्रीट वाले मकान में रहने आने के एक साल बाद सैम आर्थिक बर्बादी की कगार पर खड़ा था। अब वह कंगाल हो चुका था; उसके पास सिर्फ़ एक और ठेका (contract) बचा था। इसके बाद उसके पास समय ही समय था, परंतु कोई काम नहीं था। अब वह आर्थिक असफलता के अलावा किसी दूसरी चीज़ के बारे में सोच ही नहीं सकता था। सैम के लिए आर्थिक असफलता का मतलब था संपूर्ण असफलता - सब कुछ ख़त्म। सैम की नज़रों में दौलत ही सफलता का पैमाना थी... जिसे वह गँवा चुका था। उसे पूरा यक़ीन था कि अगर उसे सिर्फ़ एक और कर्ज़ मिल जाए, तो वह अपनी मुश्किलों से उबर जाएगा और अपने बिज़नेस की हालत को सुधार लेगा... इसके बाद वह और उसका परिवार सुखी हो जाएँगे... एक बार फिर...

ख़ुद की दुर्दशा पर वह हताश तो था, बहरहाल वह यह मानने को तैयार नहीं था कि उसी के निर्णयों से उसका यह हाल हुआ है...

फिर एक दिन...

...सड़क पर एक वृद्ध व्यक्ति ने उसके पास आकर कहा, “अरे... कहीं तुम सैम तो नहीं हो, वह लकड़हारा, जो गाँव से आया था? मुझे लगता है, सब कुछ अच्छा चल रहा है?”

“बहुत अच्छा चल रहा है,” सैम ने जवाब दिया, परंतु उसकी आवाज़ और हाव-भाव उसके दुख पर पर्दा नहीं डाल पाए।

वृद्ध व्यक्ति ने उसके चेहरे को ग़ौर से पढ़ते हुए कहा, “परंतु तुम ख़ुश नहीं दिख रहे हो, सैम। मुझे हमेशा याद आता रहता है कि तुम कितने ख़ुश रहते थे। क्या तुम बीमार हो? क्या तुम्हारे परिवार में कोई बीमार है?”

थोड़ा परेशान होकर सैम अधीरता से बोला, "कोई भी बीमार नहीं है। हालाँकि पिछले कुछ समय से मुझे बिज़नेस में असफलताओं का सामना करना पड़ा है, परंतु मेरा परिवार अच्छी तरह से है। मैं सफलताओं के बीच में हूँ। मैंने ठान लिया है कि मैं शहर का सबसे समृद्ध व्यक्ति बनूँगा और कोई भी चीज़ - या व्यक्ति - मुझे वह पाने से नहीं रोक सकती, जिस पर मेरा हक़ है।" सैम हैरान था कि उसने अपनी गोपनीय महत्वाकांक्षा इस व्यक्ति के सामने इतनी आसानी से ज़ाहिर कर दी थी।

वृद्ध व्यक्ति सैम को बहुत ध्यान से देखते हुए बोला, "तुम सर्वश्रेष्ठ समृद्धि चाहते हो, सैम?"

"और नहीं तो क्या? क्या हर व्यक्ति यही नहीं चाहता?"

वृद्ध व्यक्ति ने जवाब दिया, "शायद।" एक पल रुकने के बाद उसने आगे कहा, "परंतु सभी इसका दावा नहीं करते हैं।"

"दावा? आपका मतलब है, इसके हक़दार नहीं होते हैं! और वैसे आप समृद्धि के बारे में क्या जानते हैं? आपके कपड़े तो मुझे सामान्य लगते हैं।

"और... मैं आपसे इन चीज़ों के बारे में बात ही क्यों कर रहा हूँ," सैम शर्म और हैरानी से बोला।

"क्योंकि मैं जानता हूँ कि तुम्हारी मदद कैसे हो सकती है," उस आदमी ने शांत स्वर में कहा और सैम के चेहरे को एकटक देखता रहा।

विचलित होकर सैम ने पूछा, "आप कैसे जानते हैं? और... आपको मेरा नाम कैसे मालूम है?"

"मैं मेनरो हूँ। मैं ही वह आदमी हूँ, जिसने तुम्हारी लकड़ी पहली बार ख़रीदी थी। मैं ही वह आदमी हूँ, जिसने तुम्हें फ़ोरमैन ग्रेको के यहाँ काम दिलवाया था। जब तुम शहर में आए थे, तो शुरुआती हफ़्तों में मैंने ही तुम्हें अपने अस्तबल में जगह दी थी।"

सैम स्तब्ध था। मेनरो - वह आदमी, जो आम तौर पर हरे ऊनी कपड़े पहनता था। "और इतने साल बाद भी आप मुझे नहीं भूले?"

“नहीं। जब तुम अच्छी लकड़ियों का बोझ लादकर लाते थे, तब तुम सीटी बजाया करते थे!” मेनरो की आँखों में चमक आ गई। “तभी मैं समझ गया था कि तुम आगे चलकर सुखी जीवन जियोगे।”

“सुख! मेरे पास सुखी होने के लिए समय नहीं है - फ़िलहाल तो नहीं है। मैं तभी सुखी हो पाऊँगा, जब मैं अपने परिवार के साथ शहर के सबसे बड़े मकान में रहूँगा... जब मेरे पास सबसे अच्छे घोड़े होंगे... जब मैं अपने बगीचों के लिए सबसे अच्छे माली रख पाऊँगा... सिर्फ़ तभी मैं सुखी हो पाऊँगा। मुझे दोबारा सफलता की राह पर चलना होगा, क्योंकि मैं असफल हो चुका हूँ। दरअसल मैं कर्ज़ लेने के लिए ज्यॉफ़्री के पास जा रहा हूँ। अगर मैं अभी कुछ अच्छी चीज़ें ख़रीद सकूँ, तो मैं बाद में कर्ज़ चुकाने का कोई न कोई तरीक़ा खोज लूँगा और -”

“अच्छा, तुम सचमुच गंभीर हो,” मेनरो ने नरमी से कहा। फिर कुछ ठहरकर वह आगे बोला, “मैं तुम्हारी मदद कर सकता हूँ...”

सैम सतर्क हो गया। उसने व्यावसायिक सहयोगियों, ग्राहकों और दुकानदारों के मुँह से यह वाक्य बहुत बार सुना था, “मैं आपकी मदद कर सकता हूँ,” परंतु कुछ समय बाद उसे यह पता चलता था कि वे उसकी नहीं, बल्कि ख़ुद की मदद करना चाहते थे?

सैम ने चौकन्ने होकर पूछा, “क्या साहूकार से आपकी मित्रता है?”

“मित्रता तो नहीं है। लेकिन मैं एक ऐसे व्यक्ति को जानता हूँ, जो उसके व्यवसाय के बारे में अंदर की जानकारी रखता है। इसके अलावा वह तुम्हें सफलता संबंधी सभी मामलों में सलाह दे सकता है। दरअसल, अगर सर्वश्रेष्ठ समृद्धि के तुम्हारे लक्ष्य तक पहुँचने में कोई तुम्हारी मदद कर सकता है, तो मुझे यक़ीन है कि यह काम मैगोविन ही कर सकता है। हाँ, हाँ...। मैं इस बारे में जितना सोचता हूँ, मुझे उतना ही ज़्यादा यक़ीन होता जाता है। तुम्हें सचमुच उससे मिलना चाहिए। तुम उसकी दुकान को पहचान लोगे - डेरी स्ट्रीट पर मोची की दुकान - साहूकार से तीन दुकान छोड़कर...।”

सैम के मन में भरी हुई चिंताएँ, आशाएँ और हताशा हँसी के दौरे में बाहर निकल आईं - एक उदास हँसी, जिससे पता चलता था कि

उसकी आत्मा में शांति नहीं थी। "मोची! अरे हाँ, मेनरो," सैम ने ताना मारते हुए कहा। "मैं निश्चित रूप से मोची के पास जाऊँगा - निश्चित रूप से वह बहुत दौलतमंद आदमी होगा और मुझे आर्थिक समृद्धि के सभी मामलों में सलाह दे सकता होगा!"

"मैं जानता हूँ कि तुम जाओगे, सैम। मैं जानता हूँ कि तुम ऐसा ज़रूर करोगे।" सैम की पीठ पर कसकर धौल जमाते हुए मेनरो वहाँ से चल दिया।

सैम बुदबुदाया, "अब मुझे देर हो गई है!" और फिर वह डेरी स्ट्रीट की तरफ़ मुड़ गया। मोची की दुकान के पास से निकलते हुए वह ज्यॉफ़्री साहूकार के दरवाज़े तक पहुँचा - जहाँ एक बोर्ड टँगा था : **"आज दुकान जल्दी बंद हो गई है।"**

अब वह क्या करे ? कुछ मिनट तक सैम निराश रहा और अपनी सारी समस्याओं के लिए साहूकार को दोष देता रहा। फिर उसने यह संकल्प किया कि वह साहूकार को ढूँढ़कर उसे कर्ज़ देने के लिए मना लेगा। परंतु वह उसे कहाँ ढूँढ़े ? फिर उसे वृद्ध व्यक्ति के शब्द याद आए : *परंतु मैं एक ऐसे व्यक्ति को जानता हूँ, जो उसके व्यवसाय के बारे में अंदर की जानकारी रखता है...*। मैगोविन मोची! मैगोविन को पता होगा कि ज्यॉफ़्री कहाँ गया है!

इस तरह सैम मोची की दुकान के सामने पहुँच गया और जब वह दुकान में दाख़िल हुआ, तो उसने सुना कि मैगोविन सीटी बजा रहा था...

5

मोची की दुकान में आत्मा की खोज

"अंदर आओ, भले आदमी! अरे, ऐसा लगता है आपके जूतों को मरम्मत की ज़रूरत है, है ना?"

सैम ने देखा कि एक लकड़ी की बेंच पर पैर में पहनने की हर तरह की चीज़ें रखी थीं - सैंडल से लेकर चमड़े के जूते, सुंदर नाचने वाले जूते से लेकर नक़्काशीदार लकड़ी के जूते। और फिर उसने मूँछ वाले, चश्मा लगाने वाले, मुस्कराने वाले, ख़ुश दिखने वाले बूढ़े मोची की नीली आँखों में झाँका।

"अरे नहीं।" सैम ने बोलना शुरू किया, परंतु फिर वह थोड़ा सतर्क हो गया। अगर मैगोविन साहूकार को अच्छी तरह जानता है, तो विनम्रता दिखाना बेहतर होगा। उसने थोड़े ज़्यादा उत्साह से कहा, "नहीं, श्रीमान। दरअसल मैं यहाँ यह पता करने आया हूँ कि क्या आपको मालूम है कि ज्यॉफ़्री साहूकार कहाँ मिल सकता है। देखिए, यह बहुत ज़रूरी है कि मैं आज ही उससे बात कर लूँ...। इसका संबंध... इसका संबंध मेरे एक चचेरे भाई से है, जो मुसीबत में है। देखिए -" सैम ने अपना गला साफ़ किया। "तो आप देख सकते हैं, मुझे उसे खोजना होगा और मेनरो ने सुझाव दिया था

कि इस काम में आप मेरी मदद कर सकते हैं।"

"अच्छा, मेनरो ने!" मैगोविन ने अपना सिर पीछे किया और जमकर हँसा। "वह आदमी, जो दस साल से एक ही जूते पहन रहा है! कल्पना कीजिए? दस साल से? मेरे बिज़नेस के लिए अच्छा नहीं है, बिलकुल नहीं है, लेकिन फिर भी हम अच्छे दोस्त हैं। हाँ, अच्छे दोस्त।" मोची ने गुलाबी चमड़े की चप्पल नीचे रख दी, जिस पर वह काम कर रहा था और सैम के चेहरे को देखा, जिस पर चिंता की लकीरें साफ़ दिख रही थीं। "परंतु आपको इस बात से क्या लेना-देना है, है ना! आइए, यहाँ बैठिए और बताइए कि आप साहूकार को क्यों खोज रहे हैं।"

सैम थोड़ी परेशानी महसूस कर रहा था, परंतु वह कहीं और नहीं जा सकता था, इसलिए वह राहत की साँस लेते हुए ख़ाली कुर्सी पर बैठ गया। मोची की दुकान में ख़ुशी का माहौल था। उसे वहाँ गर्मजोशी और सुरक्षा का एहसास हो रहा था। दुकान में चमड़े और लकड़ी की गंध भरी थी... शायद ताज़ी बनी हुई ब्रेड की भी। "तो आप जानते हैं, वह कहाँ है?" सैम ने गंभीरता से पूछा।

"मैं जानता हूँ। हाँ, मैं जानता हूँ। और तुमने सही कहा था - मैं उसे बहुत अच्छी तरह जानता हूँ। हमारे बीच कई बार बातचीत हुई है, कई बार और... मैंने उसे आर्थिक रणनीति के बारे में काफ़ी कुछ सिखाया है।"

"तुमने?" सैम ने तत्काल समझ लिया कि उसे इस तरह से नहीं बोलना चाहिए था। "मेरा मतलब है, क्या आपने -"

"कोई बात नहीं, कोई बात नहीं। देखिए, भले ही मैं जूते बनाकर और उनके तलों की मरम्मत करके अपनी आजीविका चलाता हूँ, परंतु मैं ऐसे नियमों के आधार पर जीता हूँ, जो किसी को भी सिखाए जा सकते हैं - और मैं ये नियम उन लोगों को सिखाता भी हूँ, जो मेरे शब्दों तथा अपनी अंतरात्मा की आवाज़ को सुनने के इच्छुक होते हैं। एक तरह से मैं सुख का व्यापारी हूँ।"

सैम आगे झुका, "आप क्या सिखाते हैं?"

"मैं यह सिखाता हूँ कि सर्वश्रेष्ठ समृद्धि कैसे हासिल की जाए।"

मोची ने अपनी जेब में हाथ डालकर दो पके आलूबुखारे बाहर निकाले और उनमें से एक सैम को दे दिया, "लीजिए।"

सैम को याद नहीं आ रहा था कि इतना अजीब अनुभव उसे पहले कब हुआ था... इससे ज़्यादा अजीब पल, इससे ज़्यादा विचित्र परिस्थिति उसके जीवन में पहले कभी नहीं आई थी। वह मोची की छोटी सी दुकान में एक आरामदेह कुर्सी पर बैठकर आलूबुखारा खा रहा था। वह यह सोच रहा था कि उसे क्या कहना चाहिए और यह भूल गया था कि वह वहाँ क्यों आया था...। यह सब बहुत अवास्तविक लग रहा था, परंतु बहुत सच्चा और जाना-पहचाना भी...।

फिर सैम अपनी उधेड़बुन से बाहर निकला और मैगोविन से बोला, "सर्वश्रेष्ठ समृद्धि? आपका मतलब है कि आप इसे हासिल करने का तरीक़ा सिखाते हैं? आप *कहाँ* सिखाते हैं? क्या आप दौलतमंद इंसान हैं?"

"हाँ... कुछ लोग ऐसा मानते हैं," मैगोविन ने गुलाबी चमड़े की चप्पल उठाते हुए कहा। "मैं कहाँ सिखाता हूँ? मैं अपनी दुकान में सिखाता हूँ, मैं सड़क पर सिखाता हूँ, मैं हर उस जगह पर सिखाता हूँ, जहाँ मुझे मेरे विद्यार्थी मिल जाएँ। क्या तुम किसी शिक्षक की तलाश कर रहे हो?" मैगोविन ने चप्पल पर तन्मयता से काम करते हुए कहा।

सैम अपनी कुर्सी पर कसमसाया, क्योंकि अब वह परेशानी महसूस करने लगा था, "नहीं। मैं ज्यॉफ़्री साहूकार की तलाश कर रहा था।"

"क्यों?"

मैगोविन की आवाज़ इतनी सच्ची और भावपूर्ण थी कि सैम के मुँह से निकल पड़ा, "मैं उससे पैसे उधार लेने आया था, ताकि मैं और मेरा परिवार अपने घर में रह सकें। सिर्फ़ तब तक के लिए, जब तक कि मेरा बिज़नेस फिर से नहीं सँभल जाता - सिर्फ़ कुछ समय के लिए। दरअसल" - सैम ने फीकी हँसी हँसते हुए कहा, "सच तो यह है कि मैं एक समृद्ध व्यक्ति हूँ। हाल-फ़िलहाल मेरा बुरा समय चल रहा है। कुछ लोगों की ग़लत सलाह के कारण मैंने ग़लत निवेशों में अपना पैसा गँवा दिया, दूसरे फ़ोरमैनों ने मेरे सबसे अच्छे कारीगर मुझसे छीन लिए, कई बुरे ग्राहकों से

मेरा पाला पड़ा और कई ऐसे कामगार मेरे पल्ले पड़ गए, जो बहुत धीमी गति से काम करते हैं। परंतु हालात सुधर जाएँगे...।"

"हाँ, लगता तो है" मैगोविन ने शांति से जवाब दिया। वह अब भी अपनी चप्पल पर काम कर रहा था, "मुझे ख़ुशी है कि आप समृद्ध हैं, क्योंकि मैं सिर्फ़ समृद्ध लोगों को ही सिखाता हूँ।"

सैम की हैरानी का ठिकाना नहीं रहा। "आपका क्या मतलब है कि आप सिर्फ़ समृद्ध लोगों को ही सिखाते हैं? अगर वे पहले से ही समृद्ध हैं, तो फिर उन्हें सिखाने की क्या ज़रूरत है?" सैम अब मोची की दुकान में बहुत परेशानी महसूस कर रहा था, इसलिए वह चलने के लिए अपनी कुर्सी से उठा, "बहरहाल, मुझे शिक्षक की ज़रूरत नहीं है। मैं बहुत अच्छी तरह से जानता हूँ कि आर्थिक सफलता कैसे पाई जाती है। मैंने एक बार यह काम किया था और मैं इस काम को दोबारा कर सकता हूँ। मैं यहाँ पर साहूकार की तलाश में आया था। मुझे उसी की ज़रूरत है।"

अपनी चप्पल नीचे रखकर मैगोविन खड़ा हुआ और इस भटके हुए आदमी की तरफ़ मुड़ते हुए उसने ऐसे शब्द कहे, जिन्हें सैम ज़िंदगी भर नहीं भूल पाएगा।

"नहीं, सैम। तुम्हें साहूकार की ज़रूरत नहीं है। वह अब तुम्हारी मदद नहीं करेगा। तुम पर उसका पहले से ही बहुत कर्ज़ चढ़ा हुआ है और वह तुम्हें बर्बादी की खाई में गिरते नहीं देखना चाहता है। तुम्हें जिन चीज़ों की ज़रूरत है, वे सब तुम्हारे पास हैं – तुम्हें सिर्फ़ विश्वास करना है और उन पर दावा करना है। तुम्हें उस समृद्धि का जश्न मनाने की ज़रूरत है, जो पहले से ही तुम्हारे पास है। तुम्हें एक बार फिर से सीटी बजाना सीखने की ज़रूरत है। तुम्हें यह समझने की ज़रूरत है कि सच्ची सफलता का क्या अर्थ होता है। सैम, तुम्हें उन नियमों को सीखने और उनका अनुसरण करने की ज़रूरत है, जो संतुष्टि, सफलता और सर्वश्रेष्ठ समृद्धि तक ले जाते हैं।"

यह सुनकर सैम स्तब्ध रह गया। उसका मुँह खुला रह गया और वह उस छोटी मूँछों वाले आदमी को घूरता रहा, जो कुछ समय पहले

गुलाबी चप्पल पर काम कर रहा था। सैम ने ख़ुद को बोलते हुए पाया, "क्या आप मुझे सिखाएँगे?"

"क्यों नहीं!" मैगोविन ने उसकी पीठ पर धौल जमाते हुए और खुलकर हँसते हुए कहा, "मैं सोच रहा था कि तुम यह बात कभी नहीं कहोगे! कल दो बजे आ जाओ! हम शुरू करेंगे - और बातें करते समय तुम मेरे काम में मदद भी कर सकते हो। यह सौदा बढ़िया रहेगा?" मैगोविन सैम को दरवाज़े तक छोड़ने आया और उसके कंधे पर हाथ रख दिया।

एक बार फिर सैम इस तरह बोला, जैसे वह नहीं कोई और बोल रहा हो। "ठीक है। मैं दो बजे यहाँ आ जाऊँगा।"

"बहुत बढ़िया! परंतु एक बात कहना तो मैं भूल ही गया। मैं चाहता हूँ कि कल आने से पहले तुम अपनी पूरी ज़िंदगी का विश्लेषण करो और इन सवालों का जवाब दो," अपनी बात पर ज़ोर देने के लिए मैगोविन ने हर सवाल के साथ अपनी एक-एक उँगली ऊपर उठाई, "तुम्हारे माता-पिता धन कैसे कमाते थे? उन्होंने तुम्हें धन के बारे में क्या सिखाया? काम करते समय तुम्हें किस चीज़ से ख़ुशी मिलती है? और हाँ! तुम अपनी पत्नी के प्रति किस वजह से आकर्षित हुए थे? जब तुम काम करने, बचत करने, दान देने और ख़र्च करने के बारे में सोचते हो, तो तुम्हारे दिमाग़ में कैसे विचार आते हैं? अपनी आवश्यकताओं को प्राथमिकता के आधार पर जमा लो।

"और फिर अपने जीवनमूल्यों को भी प्राथमिकता के आधार पर जमा लो," मैगोविन ने आगे कहा, जैसे यह बहुत आसान काम हो। "ख़ुद से पूछो : तुमने बचपन में कौन से जीवनमूल्य सीखे थे, जिन्होंने धन और सफलता के बारे में तुम्हारे विचारों को प्रभावित किया है? तुम अपने बच्चों को कौन से जीवनमूल्य सिखाना चाहते हो? आर्थिक निर्णय लेने में तुम अपनी पत्नी को कितना शामिल करते हो? तुम्हारी नज़रों में सफलता की क्या परिभाषा है? तुम्हारी संतुष्टि का स्रोत क्या है? तुम्हारे असंतोष का स्रोत क्या है? तुम्हारी अच्छी आदतें कौन सी हैं और तुम्हारी बुरी आदतें कौन सी हैं? और..." मैगोविन ने अपने छोटे चश्मे के ऊपर से

झाँकते हुए कहा, “और तुम सचमुच कौन हो, सैम और तुम समृद्ध क्यों बनना चाहते हो?”

“ज़रा ठहरिए, ज़रा ठहरिए!” सैम चिल्लाया, जो सवालों की इस बौछार से बौखला गया था। “अगर मैं इन सब सवालों का जवाब देने की कोशिश करूँगा, तो मुझे सारी रात जागना पड़ेगा!”

“कितना बढ़िया जवाब है!” मैगोविन ने ख़ुश होकर कहा। “मैं बहुत ख़ुश हूँ कि तुमने यह नहीं कहा कि यह काम किया ही नहीं जा सकता!” उसने सैम को गले लगाया और फिर अपने काम के पास लौटते हुए आगे कहा, “अच्छा होगा कि तुम यह काम जल्दी ही शुरू कर दो! कल दो बजे मिलते हैं।”

सैम घर की तरफ़ चल दिया। आधी दूर तक आने के बाद उसे अचानक यह ध्यान आया कि उसने मैगोविन को अपना नाम तो बताया ही नहीं था, लेकिन ज़ाहिर है उस बूढ़े मोची को उसका नाम मालूम था। वह उसे जानता था!

6

असली बात

"मैगोविन मोची?"

सैम ने सूज़ेट के सवाल का जवाब देने से पहले आधे मिनट तक इंतज़ार किया।

"मैगोविन मोची। हाँ। मैं कल मैगोविन से मिलने जा रहा हूँ, ताकि उसके साथ एक योजना पर विचार-विमर्श कर सकूँ... अपने बिज़नेस को पटरी पर लाने और इस मकान की क़िस्तों का भुगतान करने की योजना और -"

"बात यह है कि -"

"मैं जानता हूँ, मैं जानता हूँ। वह एक मोची है... मैं दरअसल यह नहीं समझा सकता कि मैं उससे कैसे और क्यों मिलने जा रहा हूँ। लेकिन फिर भी मैं ऐसा करूँगा। और मुझे लगता है कि वहाँ पर मुझे जूते बनाने में उसकी मदद भी करना पड़ेगी, जो और भी अजीब बात है!" इस मज़ेदार बात की कल्पना से सैम के चेहरे पर एक मुस्कान थिरक आई, जब वह अपनी स्थिति को स्पष्ट कर रहा था... या शायद स्पष्ट नहीं कर पा रहा था।

सूज़ेट ने हकलाते हुए कहा, "न-न-नहीं, बात यह है कि मुझे यक़ीन नहीं हो रहा है... मैं नहीं जानती कि मैं क्या कहूँ।"

"यह मूर्खतापूर्ण लगता है, है ना? परंतु मैं वादा करता हूँ, मैं उससे सिर्फ़ एक बार मिलूँगा -"

"नहीं, तुम समझ नहीं रहे हो!"

अचानक सैम का ध्यान इस तरफ़ गया कि सूज़ेट की आँखों में आँसू भर आए थे। फिर सूज़ेट ने कहा, "तुम्हें नहीं मालूम कि दो साल से मैं कई बार शहर के बाहरी हिस्से में रहने वाले बहुत ग़रीब लोगों के लिए कपड़े और कोट सिल चुकी हूँ। और हर बार मैगोविन मोची ने ही वे सारे कपड़े सिलवाए थे तथा उनका भुगतान किया था। महीने में एक बार वह कपड़े इकट्ठे करता है और कई जोड़ी जूतों के साथ उन्हें लेकर बाज़ार के पास वाले चर्च में जाता है। हर महीने वह सीटी बजाता हुआ, मुस्कराता हुआ और ख़ुश होकर आता है। और हर महीने मेरे मन में यही विचार आता है कि वह इतने सारे कपड़ों की सिलाई का ख़र्च कैसे उठा पाता है। ज़ाहिर है, मैं सिलाई की पूरी क़ीमत नहीं लेती हूँ, क्योंकि ये कपड़े ग़रीब लोगों के लिए होते हैं, परंतु इसके बावजूद मैगोविन के लिए यह अच्छी-ख़ासी रक़म है, और... और अभी कुछ समय पहले जब तुमने कहा था कि तुम एक बार फिर कर्ज़ लेने की कोशिश करोगे, तो मैं बिस्तर में मुँह छुपाकर रोने लगी थी। मैं घंटों तक रोती रही और प्रार्थना करती रही, सैम। मैंने यह प्रार्थना की कि ईश्वर हमें जीने, काम करने और अपना ख़र्च चलाने का कोई बेहतर तरीक़ा सुझा दे, एक ऐसा तरीक़ा जिसमें इतना दुख न हो। और मैंने प्रार्थना की कि ईश्वर हमें उतनी ही समृद्धि और ख़ुशी दे, जितनी उसने मैगोविन को दी है... और अब तुम कह रहे हो कि तुम जूते बनाने में उसकी मदद करने वाले हो। ...सैम, शादी के बाद तुमने मुझे यह सबसे अच्छी ख़बर सुनाई है।"

सूज़ेट और सैम काफ़ी देर तक गले लगे रहे। उनके पास बोलने के लिए शब्द नहीं थे।

...

तो इस तरह सैम दूसरी बार मैगोविन मोची की दुकान में दाख़िल हुआ। इस बार वह अपनी पत्नी के प्रोत्साहन और दिल में आशा लेकर हलके क़दमों से दाख़िल हुआ।

"ठीक दो बजे! बिलकुल सही समय पर! समयबद्धता एक अच्छा गुण है, सैम! अब हम जानते हैं कि हम कोरी स्लेट से शुरू नहीं कर रहे हैं, है ना?" मैगोविन ने ख़ुशबूदार चमड़े का एक बड़ा ढेर उठाकर सैम के हाथों में पकड़ा दिया और उसे बेंच तक जाने का इशारा किया।

"हाँ। ठीक है," सैम ने कहा। वह समृद्ध बनने का तरीक़ा सीखने के लिए उत्सुक था।

"बैठ जाओ - वहाँ मैंने तुम्हारे लिए कुछ नमूने रखे हैं, जिनका तुम्हें अनुसरण करना है। तुमने पहले कभी चमड़ा काटा है?"

"दरअसल... बहुत समय पहले जंगल में, हम -"

"बहुत बढ़िया! यह रहे तुम्हारे लिए नमूने!" और फिर सैम चमड़े के दस भूरे घरेलू जूतों की डिज़ाइन काटने में लग गया, जबकि मैगोविन अपने काम में जुटा रहा - काटना, सिलाई करना, रंगना, ग्राहकों की सेवा करना, पैसे का लेन-देन। उसकी व्यस्त गतिविधि में एक संतोषजनक लय थी, जैसे कोई सुखी शिल्पी अपना काम कर रहा हो। बहरहाल, पाँच बजे तक सैम ने घरेलू जूतों के आख़िरी तलवे की डिज़ाइन काट ली। इसके बाद उसने मैगोविन से पूछा, "मैंने आज आपके व्यवसाय के बारे में तीन घंटों में ही बहुत कुछ सीख लिया है, मैगोविन। परंतु मुझे बताएँ, हम ढेर सारा पैसा कमाने का पहला सबक़ कब शुरू करेंगे?"

"कभी नहीं।"

सैम दुविधा में ठिठक गया, "कभी नहीं?"

"हाँ, कभी नहीं। लेकिन हम समृद्धि हासिल करने का पहला सबक़ इसी समय शुरू कर सकते हैं।"

"अच्छा। ठीक है।"

"ठीक है!" मैगोविन ने उत्साह से कहा। "सबसे पहला काम यह करो कि मेरे साथ घुटनों के बल बैठकर सिर झुकाओ - उन औज़ारों को एक तरफ़ वहाँ रख दो। आओ, हम यहाँ बैठकर सिर झुकाएँ और मिलकर ईश्वर को धन्यवाद दें कि उसने ज़िंदगी में तुम्हें कितनी सारी दौलत दी है!"

यह सुनकर सैम को एहसास होने लगा कि अगर मैगोविन ने उसे

ज़्यादा समय तक सिखाया, तो उसकी दुविधा बढ़ जाएगी। उसने कहा, "ईश्वर को किस बात के लिए धन्यवाद दूँ? मैं यह नहीं कर सकता, मैगोविन। मुझ पर बहुत सा कर्ज़ चढ़ा हुआ है, मेरे पास काम के ठेके नहीं हैं। यह संभव ही नहीं है कि मैं अपनी दौलत के लिए ईश्वर को धन्यवाद दूँ! और... और हाल-फ़िलहाल उसके सामने प्रार्थना करने में ही मुझे बहुत शर्म महसूस हो रही है। बाद में जब मैं -"

"लेकिन सैम।" मैगोविन की आवाज़ थोड़ी धीमी परंतु गंभीर हो गई, "मैंने तुमसे कहा था कि मैं सिर्फ़ समृद्ध लोगों को ही सिखाता हूँ। क्या तुम यह कह रहे हो कि तुम समृद्ध नहीं हो?"

"हाँ, मैं *कभी* बहुत समृद्ध *था*। और मैं दोबारा समृद्ध बन जाऊँगा, क्योंकि मैं सफल होने का संकल्प कर चुका हूँ - मुझे समृद्ध बनना ही होगा!" सैम को शब्द नहीं मिल रहे थे।

"परंतु जब तक तुम पहले से ही यह नहीं जान लोगे कि तुम कितने अमीर हो, तब तक मैं तुम्हारी मदद नहीं कर सकता, सैम।"

"माफ़ करना मैगोविन, लेकिन मैं समझ नहीं पा रहा हूँ। आप मुझे इस तरह मझधार में नहीं छोड़ सकते। मेरी पत्नी सूज़ेट आज जितनी ख़ुश थी, उतनी कई सालों में कभी नहीं दिखी। मैं वापस लौटकर उससे यह कैसे कहूँगा कि आपने मुझे सिखाने से इंकार कर दिया है।"

"तुम्हारी पत्नी। वह तुम्हारे लिए बहुत मायने रखती है। और तुम्हारे बच्चे।"

"मैगोविन, मेरी पत्नी इतनी अच्छी है कि मैं उसके क़ाबिल नहीं हूँ। और मेरे बच्चे बहुत ही प्यारे हैं... लेकिन उनके लालन-पालन का श्रेय मेरी पत्नी को ही है। सूज़ेट के बगैर मैं निश्चित ही ग़रीब हूँ..."

"मैं समझ गया," मैगोविन ने धीमे से कहा। "और तुमसे मुझे पूरी सहानुभूति है, सैम। लेकिन मैं तुम्हारे लिए अपनी शिक्षा की योजना नहीं बदल सकता। मुझे तुमसे कहना होगा कि तुम घर जाओ और तब तक मत लौटना, जब तक कि तुम ख़ुद को समृद्ध न मानने लगो।"

"मैगोविन, आप यह क्या कह रहे हैं?"

"मैं यह कह रहा हूँ कि तुम तब तक सर्वश्रेष्ठ समृद्धि तक नहीं

पहुँच पाओगे, जब तक कि तुम ख़ुद को समृद्धि के योग्य नहीं मान लोगे। और तुम तब तक ख़ुद को इसके योग्य नहीं मान सकते, जब तक कि तुम अपने चारों तरफ़ और अपने अंदर मौज़ूद दौलत पर दावा न करो - और उस दौलत तथा उन नियामतों को ईश्वर के प्रति समर्पित न कर दो, जो उसने तुम्हें दी हैं।"

अवाक् सैम धीरे-धीरे चलते हुए घर लौटने लगा। वह यह सोचने की कोशिश कर रहा था कि वह सूज़ेट से क्या कहेगा... और वह सोच रहा था कि उसने आधी रात तक जागकर जिन सवालों के जवाब खोजे थे, क्या उसकी वह सारी मेहनत बेकार चली गई थी?

...

सैम अगली सुबह बड़े उत्साह से मैगोविन की दुकान पर पहुँचा।

"मैगोविन! मैं अमीर हूँ। आप सही हैं - मेरे पास कृतज्ञ होने के लिए बहुत कुछ है! मेरे पास एक सुंदर मकान है, एक प्रेम करने वाली पत्नी है और प्यारे बच्चे हैं! मेरे पास अच्छे कपड़े हैं और शहर की सबसे अच्छी गाड़ियों में से एक है! मैं जानता हूँ कि मुझे इस सबके लिए कृतज्ञ होना चाहिए, ताकि मैं अपनी समृद्धि को बनाए रखने के लिए ज़्यादा मेहनत करूँ। क्या अब हम सर्वश्रेष्ठ समृद्धि का पहला सबक़ शुरू कर सकते हैं?"

मैगोविन के चेहरे पर एक चौड़ी मुस्कान खिल गई, "तुम *सोच* रहे हो, सैम। परंतु तुम *महसूस* नहीं कर रहे हो। नहीं सैम, हम अभी पहला सबक़ शुरू नहीं कर सकते - तुमने जो दौलत बताई है, वह शाश्वत नहीं है, वह नष्ट हो सकती है। हालाँकि मैं इतना ज़रूर *कहूँगा* कि तुम्हें अपनी संपत्ति के बजाय अपने परिवार के प्रेम में ज़्यादा आनंद मिलेगा। अगर तुम्हारा घर, कपड़े और गाड़ी चले जाएँ, तो क्या तुम ख़ुद को ग़रीब समझोगे?"

सैम ने स्वीकार किया, "बहुत।"

"अगर तुम एक साल या इससे ज़्यादा समय तक अकेले रह जाओ - तुम्हारी प्रेम करने वाली पत्नी तथा बच्चे तुम्हारे पास न हों - तो क्या तुम इसके बावज़ूद ख़ुद को समृद्ध महसूस करोगे?"

सैम चिल्लाया, "बिलकुल नहीं! मैं ऐसा कैसे कर सकता हूँ?"

"तो तुम्हें उस चीज़ का *अनुभव* करना होगा और उस पर दावा करना होगा, जो तुम्हारी ज़िंदगी को असली सार्थकता और महत्व प्रदान करे, जो हमेशा स्थायी रहे, चाहे जो हो जाए।"

एक बार फिर सैम थके मन से घर लौटा। हवा की ठंडक ने उसे याद दिलाया कि आने वाले जाड़े के लिए जलाऊ लकड़ी इकट्ठी करने का वक़्त आ चुका है। वह इस साल लकड़ी ख़रीदने के लिए पैसे कहाँ से लाएगा? उसके पास सिर्फ़ एक ही मकान बनाने का ठेका बचा था और सूज़ेट की सिलाई की आमदनी के बावज़ूद उनके पास मकान के कर्ज़ की क़िस्त, भोजन, घर ख़र्च और जलाऊ लकड़ी के लिए पर्याप्त पैसे नहीं हो पाएँगे। शर्म और पराजय के एहसास के साथ सैम ने सोचा, "मुझे अपनी लकड़ी ख़ुद इकट्ठी करना पड़ेगी।"

घर लौटकर वह गर्मजोश मुस्कराहट परंतु भारी दिल से सूज़ेट से मिला। बहुत कम शब्दों में उसने उसे शांति से बताया कि कुछ समय तक अपने कारीगरों को निर्देश देने के बाद वह जलाऊ लकड़ी इकट्ठी करने जाएगा।

उसने अपनी दो गाड़ियों में से एक में घोड़ा बाँधा और उसे लेकर जंगल की तरफ़ चल दिया। यह उसकी युवावस्था की पुरानी जानी-पहचानी जगह थी, जहाँ उसने सपने देखे थे। अब भी लकड़ी इकट्ठी करने के लिए उस जगह पर कोई और नहीं आता था। उसने ऐसी लकड़ी की तलाश की, जो नम न हुई हो। शुरू में तो उसने लगभग आधा घंटे तक उदासी से काम किया, फिर उसके दिल का बोझ कम हो गया। वह एकांत और अपने काम का आनंद लेने लगा। उसने अपने हाथ की कुल्हाड़ी के लिए ईश्वर को धन्यवाद दिया, जिससे वह पेड़ों के मोटे लट्ठों को चीर रहा था। एक घंटे बाद सैम सीटी बजाने लगा। उसने हैरानी से सोचा, मैं सीटी बजा रहा हूँ! मैगोविन ने उससे क्या कहा था? अरे हाँ : *तुम्हें फिर से सीटी बजाना सीखने की ज़रूरत है*।

इस निर्जन जंगल में सैम को शांति मिली। यहाँ पर वह ख़ुद को रोज़मर्रा की चिंताओं और कर्तव्यों से मुक्त महसूस कर रहा था। वह याद करने लगा कि पिछली बार उसने इतनी शांति कब महसूस की थी।

उसने हँसकर सोचा, ऐसा तब हुआ था, जब वह अपने बड़े सपने के साथ गाँव छोड़कर निकला था और उसके दिल में सार्थकता तथा समृद्धि का एहसास था...। *तब वह समृद्धि के क़ाबिल बनना चाहता था!... उस समय* उसे कितना अच्छा महसूस होता था! उसका वह एहसास कहाँ चला गया? ऐसा कैसे हो गया?

सैम ने अपने मन को टटोला और यह सोचने की कोशिश की कि वह दोबारा वही एहसास कैसे हासिल कर सकता है। उसने इतना ज़्यादा सोचा कि वह कुंठित और अधीर हो गया। अंत में उसके दिल से एक तेज़ आवाज़ बाहर आई, "हे भगवान!"

उसकी चीख़ पेड़ों में गूँजने लगी और सरसराती पत्तियों के बीच से आती सूरज की रोशनी को छूती हुई वापस लौट आई।

और सैम को अपने पुराने तरीक़े याद आ गए।

वह घुटनों के बल बैठा और अपने चेहरे को हाथों में छुपा लिया। फिर उसके मुँह से तरल सोने की तरह शब्द बाहर निकले, "ईश्वर, मैं जब जंगल में रहता था, तो हर दिन आपसे बातें किया करता था। आप मेरी ऊर्जा और शांति के स्रोत थे। आप ही ने मुझे बताया था कि अब घर छोड़ने और नए रास्ते पर चलने का - मेरी प्रतिभा का उपयोग करने और जीवन में अधिक सुख पाने का - समय आ गया है। और मैंने ऐसा ही किया। मैंने सचमुच ऐसा ही किया...। परंतु रास्ते में कहीं पर मैं आपको भूल गया और अब मैं एक अलग तरह के जंगल में हूँ - एक ऐसा जंगल, जिसमें प्रलोभन, झूठ, लोभ और स्वार्थपूर्ण इच्छाएँ भरी हुई हैं। और मुझे आपके मार्गदर्शन, प्रेम और दिशा की ज़रूरत है, ताकि मैं उस ख़ुशी को एक बार फिर पा सकूँ, जो मेरे पास कभी थी। मैं अब देख सकता हूँ कि आपकी संतान होना ही बहुत बड़ा वरदान है। मैं बहुत आभारी हूँ कि मुझे सूज़ेट जैसी अच्छी पत्नी मिली और हमारे इतने प्यारे बच्चे हैं। मैं अपने पूरे दिल और आत्मा से आपको धन्यवाद देता हूँ। हे ईश्वर, मेरी आँखें, कान और दिल आपके मार्गदर्शन के लिए खुले हैं। मैं आपकी बताई राह पर चलूँगा और अपनी ज़िंदगी को हमेशा समृद्ध समझूँगा...।"

...

घर पहुँचकर सैम ने जलाऊ लकड़ी के बड़े गट्ठर उतारे, लेकिन एक बड़े ढेर को गाड़ी में ही पड़ा रहने दिया। उसने सूज़ेट को गले लगाकर कहा, "मैं घर लौट आया हूँ।"

...

अगले दिन सैम ने मैगोविन की दुकान का दरवाज़ा खोला और बहुत शालीनता तथा विनम्रता से बोला, "मैगोविन, माफ़ कीजिए, परंतु मैं चाहता हूँ कि आप अपना काम छोड़कर मेरे साथ चलें। मैं अपनी गाड़ी में थोड़ी जलाऊ लकड़ी लेकर आया हूँ। सूज़ेट और मेरी दिली इच्छा है कि हम इसे किसी ज़रूरतमंद परिवार को दे दें। आप जानते होंगे कि इन लकड़ियों की सबसे ज़्यादा ज़रूरत किसे होगी।"

मैगोविन ने अपना काम रोक दिया, बिना कुछ कहे अपनी दुकान बंद की और सैम को चलने का इशारा किया। वे दोनों गाड़ी पर चढ़कर लकड़ी की सीट पर बैठ गए और मैगोविन रास्ता दिखाते हुए सैम को शहर के कोने पर बने एक छोटे घर तक ले गया, "पीछे लो, सैम। हम लकड़ी को यहाँ पर जमा देते हैं।"

दोनों ने चुपचाप लकड़ी के ढेर को घर के पास जमा दिया। फिर गृहिणी या घर के अंदर खेलते बच्चों से कुछ भी बोले बिना वे वापस लौटने लगे। रास्ते में मैगोविन ने कहा, "सैम, तुमने लकड़ियों का जो दान दिया है, वह तुम्हारी उदारता है।"

"यह उदारता नहीं, बल्कि कृतज्ञता है, मैगोविन। देखिए, ईश्वर ने मुझे इतना कुछ दिया है इसलिए मैं उसे धन्यवाद देना चाहता था। मैगोविन, मैं कभी प्रार्थना किया करता था। मैं ईश्वर के साथ बातें किया करता था और वह मेरे दिल को सपनों व आशा से भर देता था। फिर मैंने ऐसा करना बंद कर दिया...। मैं नहीं जानता कि क्यों या कैसे, परंतु मैंने ऐसा करना बंद कर दिया। और अब मैं उस संबंध के जादू को दोबारा पाना चाहता हूँ। मैं एक बार फिर से यह महसूस करना चाहता हूँ कि इतना ही काफ़ी है कि ईश्वर मेरे साथ रहे, मैं उसके नियमों के अनुसार जियूँ, अपना प्रिय काम करूँ और उपयोगी सेवा प्रदान करूँ। मैं इसके अलावा कुछ नहीं चाहता हूँ। और मुझे सबसे ज़्यादा डर इस बात से लगता है मैगोविन कि

यह भावना मेरे अंदर हमेशा नहीं रह पाएगी...।"

मैगोविन ने सैम के कंधे को थपथपाया। "दुकान आ गई, सैम। अंदर चलो। मेरे पास कुछ है, जो तुम सिल सकते हो।"

"परंतु मैगोविन! आपने तो कहा था कि मैं तब तक वापस न लौटूँ, जब तक कि मैं समृद्ध न बन जाऊँ!"

"क्या तुम्हें ईश्वर के प्रेम और कृपा में विश्वास है?"

"हाँ। पूरे दिल से।"

"क्या तुम दिल में जानते हो कि यह प्रेम और कृपा हमेशा रहेगी?"

"मैं यह भी जानता हूँ," सैम ने अपना सिर झुकाते हुए कहा।

"क्या तुम जानते हो कि यह प्रेम और कृपा ही तुम्हारे सपनों, गुणों और दौलत का सच्चा स्रोत है?"

"बिलकुल। मैं सचमुच ऐसा महसूस करता हूँ, मैगोविन।"

"अब तुम सचमुच बुद्धिमान बन चुके हो, सैम। तुम उस दरवाज़े के अंदर दाख़िल हो चुके हो, जो संतुष्टि तक ले जाता है। तुमने ईश्वर की बुद्धिमत्ता की दौलत पा ली है, जिससे तुम्हें गरिमापूर्ण जीवन जीने की शक्ति मिलेगी। इस दौलत को धन में नहीं तौला जा सकता। यह तुम्हें सच्ची आशा देगी, जो तुम्हारे माध्यम से दूसरों तक पहुँचेगी। अब तुम अमीर बन चुके हो, सैम।"

सैम ने नम्रता से पूछा, "परंतु मैं इस भावना और इस ज्ञान को क़ायम कैसे रखूँ? मुझमें कई दोष हैं।"

"वह एक अलग सबक़ है, सैम। हाल-फ़िलहाल, हम कुछ घरेलू जूते सिलकर तुम्हारी प्रचुर दौलत का जश्न मनाते हैं!"

7

ज़िंदगी की सिलाई

और इस तरह सैम तथा मैगोविन उस दोपहर को दस घरेलू जूते सिलने लगे। काम करते समय वे कभी सीटी बजाते थे, कभी उँगली में सूई चुभने के कारण सिसकने लगते थे, कभी हँसते थे, कभी बड़बड़ाते थे और कभी अच्छी सिलाई की तकनीकों की तुलना करते थे।

सैम ने कहा, "आप आध्यात्मिक हैं, मैगोविन।"

"क्या हम सभी आध्यात्मिक नहीं होते हैं?" मैगोविन ने सैम के एक जूते को ग़ौर से देखते हुए कहा।

"मेरा मतलब है... मैं सोच रहा था... कि आप कैसे... आप कैसे..."

मैगोविन ने ऊपर देखकर कहा, "राह से नहीं भटके?"

सैम हँसा, "हाँ! मैं यही कहना चाहता था।"

"मैंने ऐसा करने का विकल्प चुना था।"

सैम सिलाई करते-करते रुक गया, "विकल्प चुना था? परंतु सही और गरिमामय तरीक़े से जीने का विकल्प चुनने वाला हर व्यक्ति ईश्वर और नेकी के रास्ते पर नहीं चल पाता है।"

"नहीं। हो सकता है लोग गरिमामय तरीक़े से जीना *चाहते हों*,

लेकिन वे ऐसा करने का सचेतन और दृढ़ *निर्णय नहीं लेते* हैं। वे दिल से यह विकल्प नहीं *चुनते* हैं। मैंने सचेतन रूप से यह विकल्प चुना था कि मैं हर निर्णय लेते समय बुद्धिमत्ता और सत्य का मार्गदर्शन लूँगा। मैंने यह विकल्प चुना था कि मैं अपने निर्णय उन प्राथमिकताओं के आधार पर लूँगा, जिनसे सच्ची स्वतंत्रता और स्थायी सफलता मिलती है। मैं जिन नियमों का पालन करता हूँ, उनमें से पहले दो नियम सच्ची समृध्दि के दो द्वार हैं। तुम भी तो इसी की तलाश में हो, सैम। ये दोनों द्वार आध्यात्मिक क्षेत्र के हैं, परंतु इनकी बदौलत न सिर्फ़ आध्यात्मिक सफलता मिलती है, बल्कि ये भौतिक जगत में भी सफलता दिलाते हैं –"

"ज़रा ठहरिए। मैं समझा नहीं, मैगोविन," सैम ने बीच में कहा। "मैं इसे समझना चाहता हूँ।"

बूढ़ा मोची हँसा, "कई बार तो सैम, मैं भी नहीं समझ पाता हूँ!" और फिर मैगोविन ने उस विषय पर बोलना शुरू किया, जिसका सैम बहुत समय से इंतज़ार कर रहा था। "जैसा मैंने कहा, ये पहले दो नियम दो दरवाज़ों की तरह हैं। ये ऐसे आध्यात्मिक नियम हैं, जिन्हें इंसान को स्वीकार करना होगा और उनके अनुरूप जीना होगा, तभी वह सर्वश्रेष्ठ संतुष्टि के मार्ग पर चल पाएगा। पहला द्वार है बुद्धिमत्ता का नियम - दृढ़तापूर्वक यह सोचना और विश्वास करना कि ईश्वर ही बुद्धिमत्ता और सत्य का सर्वोच्च स्रोत है। दूसरा द्वार है प्राथमिकता का नियम - यह स्वीकार करना कि आपकी बनाई हुई प्राथमिकता सूची आपके हित में नहीं है। आप इस द्वार - इस नियम - में तब प्रवेश करते हैं, जब आप यह स्वीकार कर लेते हैं कि आपकी प्राथमिकताएँ अंतरात्मा से और आपकी ज़िंदगी के लिए ईश्वर की योजना से प्रेरित होना चाहिए। ज़ाहिर है, इस स्वीकृति का यह मतलब नहीं है कि इंसान का मस्तिष्क विद्रोह नहीं करेगा...।" मैगोविन मुस्कराने के लिए ठहरा। "और इसीलिए यह दरअसल एक आध्यात्मिक नियम है। प्राथमिकता के नियम पर आस्था के साथ ही चला जा सकता है। इसके लिए इस समर्पण की ज़रूरत होती है कि ईश्वर जीवन के लगभग हर पहलू में हमें मार्गदर्शन दे सकता है। सिर्फ़ अंतरात्मा की आवाज़ सुनने और ईश्वर के साथ संवाद करने के बाद ही इन द्वारों में प्रवेश किया जा सकता है।"

"मैगोविन, कृपया प्राथमिकता के नियम को समझने में मेरी मदद करें," सैम ने चमड़े के जूतों को एक तरफ़ रखते हुए कहा। "क्या इतना ही काफ़ी नहीं है कि मैं ईश्वर के संपर्क में रहते हुए प्रार्थनापूर्ण जीवन जीना चाहता हूँ... कि मैं ऐसा जीवन जीने का चुनाव करता हूँ?"

"सिलाई करते रहो, सैम। अगर ये जूते कल तक तैयार हो जाएँगे, तो तुम मेरी बहुत मदद करोगे।"

"निश्चित रूप से!" सैम ने दोबारा सामान अपनी तरफ़ खींचते हुए कहा, "मैंने सोचा कि आप मुझे सिखा रहे हैं, इसलिए मैंने काम करना छोड़ दिया।"

"ये सबक़ तुम्हें अपने दिल से सीखना चाहिए। इस सबक़ के भीतर की सच्चाई को स्वीकार करने के लिए तुम्हारे दिल को स्वतंत्र होना चाहिए। और तुम्हारा दिल सबसे ज़्यादा स्वतंत्र तब होता है, जब तुम कोई उपयोगी काम करते हो। यह बुद्धिमत्ता का हिस्सा है।"

सैम बिना कुछ कहे सिलाई करने लगा।

"तुम्हारे सवाल के जवाब में, सैम... मैं यह कहना चाहता हूँ कि तुम जंगलों में जाकर और संन्यासी का जीवन बिताकर ईश्वर की कृपा का आनंद ले सकते हो। परंतु मुझे बताओ... जब तुमने जंगल में ईश्वर की कृपा महसूस की, जब तुम्हारे उद्देश्य स्पष्ट हुए और जब तुमने यह महसूस किया कि तुम्हें ईश्वर की ओर लौटना चाहिए, तो क्या तुम कई घंटों से आराम कर रहे थे?"

"अरे नहीं! मैं बहुत कड़ी मेहनत कर रहा था, लकड़ियाँ इकट्ठी कर रहा था और गाड़ी में लाद रहा था!"

"काम भी कितनी बड़ी नियामत है! देखो सैम, हम काम करने वाले प्राणी हैं और हमें सबसे ज़्यादा ख़ुशी और महत्व का एहसास तब होता है, जब हम अपने नियमित काम, परिवार, समुदाय और यहाँ तक कि दिनचर्या में भी ईश्वर की बुद्धिमत्ता के अनुरूप जिएँ।"

सैम ने आह भरी, "मैगोविन, आपके लिए यह कहना आसान है, परंतु जिस दिनचर्या का आप वर्णन कर रहे हैं, उसी के कारण और बेहतर *काम* करने की इच्छा के कारण ही मैं सादगीपूर्ण जीवन से दूर

भटक गया था।"

मैगोविन ने सैम को सहानुभूति से देखा, "मैं जानता हूँ, सैम। मैं तुम्हारी चिंता जानता हूँ और तुम्हारा डर भी जानता हूँ। मैं जानता हूँ कि यह दूसरा द्वार सच्चे सुख के असंभव प्रवेश द्वार की तरह दिखता है।" नीली आँखें कमरे में दूर चली गईं, जैसे वह कुछ याद कर रहा हो। "इसीलिए यह एक ऐसा द्वार भी है, जिसमें प्रवेश करने के लिए आस्था की ज़रूरत होती है। यही काफ़ी नहीं है कि हम ईश्वर की आध्यात्मिक शक्ति को महसूस करें और यह मान लें कि उसकी बुद्धिमत्ता सर्वश्रेष्ठ है। अगर इतना ही काफ़ी होता, तो हम सब बहुत सुखी होते। परंतु ईश्वर ने हमें अपनी छवि के अनुरूप बनाया है सैम, इसीलिए हम रचनात्मक हैं, इसीलिए हममें आकांक्षाएँ, संकल्प, प्रबल इच्छाएँ हैं, इसीलिए हमें काम करने, उपयोगी बनने – और प्रेम करने की आवश्यकता है।" मैगोविन एक पल ठहरकर सैम की तरफ़ मुड़ा, "तो तुम्हें पता है, तुम कहाँ ग़लत हो गए थे? इंसान यह मान लेता है कि ज़िंदगी का मतलब सिर्फ़ भौतिक जीवन है! वह अपने आध्यात्मिक समर्पण को अपनी दिनचर्या में नहीं उतार पाता है। क्या तुम्हें सचमुच लगता है कि काम, कर्तव्य, परिवार और 'ज़िंदगी' के कारण तुम ईश्वर से दूर हो गए थे? या फिर तुम्हें यह सूझा ही नहीं कि ईश्वर और उसकी बुद्धिमत्ता को अपने काम-धंधे या पारिवारिक जीवन में उतारो, बर्तन साफ़ करते समय या ठेके संबंधी बातचीत करते समय?"

ज़ाहिर है, सैम को जवाब मालूम था।

मैगोविन ने आगे कहा, "प्राथमिकता, सैम! प्राथमिकता बहुत महत्वपूर्ण होती है। इसके बिना हम सर्वश्रेष्ठ समृद्धि तक नहीं पहुँच सकते। जब हम जंगल में रहते हैं, तो ईश्वर के साथ हमारा सुंदर आध्यात्मिक संबंध बन जाता है, परंतु अगर हम ईश्वर से संवाद सिर्फ़ वहीं पर कर पाएँ, तो हम पूरी तरह से नहीं जी पाएँगे – हमारी ज़िंदगी सचमुच सार्थक नहीं होगी।"

सैम हतप्रभ था, "मैं चाहता हूँ कि मेरी ज़िंदगी सार्थक हो!"

"बहुत बढ़िया। तो फिर दैवी प्राथमिकताओं के अनुसार जीने के

लिए अपने हृदय को समर्पित कर दो - अपनी ज़िंदगी को समर्पित कर दो। ईश्वर तुम्हें ग़लत दिशा में नहीं ले जाएगा - परंतु यही काफ़ी नहीं है कि इस तरह से जीने की सिर्फ़ *बौद्धिक* घोषणा कर दी जाए।" मैगोविन ने सैम का माथा छुआ और फिर सैम के दिल पर हाथ रखते हुए बोला, "तुम्हें इसे आस्था के साथ महसूस करना चाहिए। तुम्हें यह महसूस करना चाहिए कि ईश्वर तुम्हें बहुत प्रेम करता है और वह तुम्हारे - और अपने - काम में तुम्हें दिशा बता रहा है। वह काम, जो तुम इकट्ठे करने के लिए सहमत हुए हो। उसे सचमुच तुम्हारी ज़रूरत है सैम, और तुम्हें सचमुच उसकी ज़रूरत है।"

सैम प्रेरित हो गया और उसकी आशा जाग गई, "मैं इन प्राथमिकताओं को कैसे जान सकता हूँ?"

"पहली प्राथमिकता तो स्पष्ट है। ईश्वर की बुद्धिमत्ता से प्रेम करो, उसका सम्मान करो और उसे सुनो। बुद्धिमत्ता के नियम को अपनी नींव बना लो। मार्गदर्शन के लिए प्रार्थना करते समय यह आस्था रखो कि तुम्हें सही दिशा दिखाई जाएगी। ज़िंदगी में यह हमेशा याद रखो कि ईश्वर तुम्हारे पास है और तुम्हें ऐसी परिस्थितियाँ देगा, जो तुम्हें सही राह पर ले आएँगी - बशर्ते तुम अपने दिल से सुनो और ईश्वर से बातचीत करते रहो।"

"मुझे अब भी विश्वास नहीं है... मैं *जानता* हूँ कि यह सही है, लेकिन..."

"तुम्हें *महसूस* करना चाहिए कि यह सही है, सैम। तुम्हें दिल से महसूस करना चाहिए कि अगर तुम प्राथमिकता तय नहीं करोगे, तो तुम्हारी ज़िंदगी दुखद बन जाएगी। तुम्हें हर क्षेत्र में प्राथमिकता तय करना चाहिए - जो तुम सोचते हो, जो तुम करते हो, जिसके लिए तुम प्रार्थना करते हो, जिसे तुम पूरा करते हो, जो तुम कहते हो और जिसे तुम महत्व देते हो! ईश्वर सिर्फ़ ब्रह्मांड के साथ एकाकार होने की एक क्षणिक भावना नहीं है।" मैगोविन ने नाटकीय ढंग से हवा में हाथ हिलाते हुए कहा, "वह तो हमारे दैनिक अनुभवों का एक सजीव हिस्सा है। वह इस निर्णय में भी शामिल होता है कि हम ज़िंदगी में क्या बनाने का चुनाव करते हैं - और जब वह हमारे साथ बनाता है, तो हमें

कल्पनातीत परिणाम मिलते हैं। अब यह सुनकर तुम अपनी प्राथमिकताएँ नए सिरे से तय करना चाहते होगे, है ना सैम?"

सैम ने जमकर सिर हिलाया।

"बहुत बढ़िया! घर जाओ और सूज़ेट को अपने दिल की भावनाएँ बताओ। उसे बताओ कि तुम क्या महसूस करते हो और हमारे बीच क्या बातें हुईं। फिर एक साथ - यह बहुत महत्वपूर्ण है, सैम - एक साथ हर उस चीज़ की प्राथमिकता तय करो, जिसके बारे में तुम सोच सकते हो - तुम अपना समय कैसे बिताते हो, बच्चों को कैसे अनुशासन में रखते हो - यह मानते हुए कि वे कभी-कभार शरारत करते होंगे -"

"अरे हाँ," सैम ने आह भरी।

"तुम्हारे ख़र्च क्या होना चाहिए और तुम्हारी ऊर्जा कहाँ लगनी चाहिए।"

"क्या इससे हमें यह पता चल जाएगा कि ईश्वर की प्राथमिकताएँ क्या हैं?"

"यह तो शुरुआत है। इससे तुम्हें यह पता चलेगा कि तुम यह काम अपने दम पर नहीं कर सकते - कि तुम्हें ईश्वर की मदद की ज़रूरत है। मैं तुम्हें इस बात का आश्वासन दे सकता हूँ।"

"मेरा अगला सबक़ कब शुरू होगा? और आपने मुझसे पहले दिन जिन सवालों पर विचार करने को कहा था, उनका क्या होगा?"

"अच्छा! तुमने सही समय पर सही सवाल पूछा है! मैं इस बात पर ख़ुश हूँ कि ईश्वर सिखाने में मेरी कितनी मदद करता है।" मैगोविन के चेहरे पर बच्चों की सी मुस्कान खिल उठी, "तुम और सूज़ेट उन सवालों पर बातचीत करना। इसका कारण तुम उस बातचीत के बाद जान जाओगे। उन सवालों से तुम्हें यह पता चल जाएगा कि तुम कहाँ से आए हो। यह जानना इसलिए ज़रूरी है, ताकि तुम्हें यह पता चल सके कि दोबारा प्राथमिकताएँ तय करने के लिए तुम्हें कौन से परिवर्तन करना चाहिए, ताकि तुम वहाँ पहुँच सको, जहाँ तुम पहुँचना चाहते हो।"

"और हमारा अगला नियम?"

"इसके बाद तुम अगला नियम सीखोगे... परंतु वह नियम मैं नहीं

सिखाऊँगा।"

"क्या ? आपका क्या मतलब है ? तो फिर मुझे कौन सिखाएगा ?"

"तुम्हें अगला नियम एक महिला सिखाएगी, जब तुम्हारे कान खुले होंगे और तुम उसके शब्दों की सच्चाई को समझ लोगे। वह इस तीसरे नियम की विशेषज्ञ है और समझदारी इसी में होगी कि तुम उसकी बात ध्यान से सुनो।"

"कौन... कहाँ...?" सैम को लग रहा था कि वह कोई बात सुन नहीं पाया था।

"तो! आज रात को ही शुरू कर दो! यह काम आसान नहीं है। ज़्यादातर लोग यहीं पर असफल हो जाते हैं - तुम असफल मत होना, सैम!"

"बिलकुल नहीं।" सैम अपने सामने पड़े चमड़े के टुकड़े उठाने लगा और घर जाने से पहले उन्हें क़रीने से जमाने लगा।

"अरे - परंतु हमें उन जूतों की सिलाई पूरी करना है! कल मेरे ग्राहक उन्हें लेने आ जाएँगे। उन्हें घर पर पहनने के लिए आरामदेह जूतों की ज़रूरत होगी, जब वे किचन में खाना बनाएँगे, अपने बच्चों को पढ़ाएँगे, अपनी चिमनियाँ साफ़ करेंगे, कपड़े धोएँगे... या बीमार पत्नी की देखभाल करेंगे। ...इसलिए यह बहुत ज़रूरी है कि हम यह काम आज ही पूरा कर लें! इसके बाद तुम अपनी ज़िंदगी की योजना बनाने के लिए घर जा सकते हो।"

और सैम ने ऐसा ही किया।

8

अँगीठी के सामने विचार-विमर्श

बच्चों को बिस्तर पर सुला दिया गया, बर्तन साफ़ कर दिए गए, पर्दे लगा दिए गए और अँगीठी में आग जला दी गई। इसके बाद सैम और सूज़ेट एक-दूसरे का हाथ थामकर अँगीठी के सामने चुपचाप बैठ गए। दोनों इंतज़ार करते रहे कि सामने वाला बात शुरू करे।

"मैं सोचता हूँ..." सैम ने कहा।

"हम यह कर सकते हैं..." सूज़ेट ने भी उसी समय कहा।

दोनों हँसने लगे।

"तुम क्या सोचते हो, सैम?"

"हम क्या कर सकते हैं, सूज़ेट?" वे थोड़ा और हँसे। अब कमरा थोड़ा ज़्यादा गर्म लग रहा था।

"मैं सोचता हूँ हमें प्रार्थना करना चाहिए।"

"हम यह कर सकते हैं कि हम प्रार्थना करें।"

दोनों एक-दूसरे की तरफ़ देखकर मुस्कराने लगे। उन्हें यह एहसास हो गया कि उनकी ज़िंदगियाँ बदलने वाली हैं।

ख़ामोशी से उन्होंने प्रार्थना की। दोनों के हृदय ईश्वर की करुणा, प्रेम और शक्ति को स्वीकार करने के लिए तैयार थे। प्रार्थना करते समय दोनों को ही गहन शांति का एहसास हो रहा था। ख़ामोशी से उन्होंने प्रार्थना की कि ईश्वर उन्हें सही राह दिखाए। ईश्वर हमेशा उन्हें सही राह दिखाना चाहता था - सच्ची संतुष्टि, विश्वास और प्रेम व जीवन की राह। फिर एक लय में उन्होंने ज़ोर से प्रार्थना की और ईश्वर को धन्यवाद दिया, जिसने उन्हें अपनी बाँहों में थाम रखा था। दोनों ने ही उससे मार्गदर्शन और प्रेम माँगा। दोनों ने ही स्वीकार किया कि सिर्फ़ ईश्वर की योजना पर चलकर ही ज़िंदगी सफल और सार्थक हो सकती है। आमीन।

सैम और सूज़ेट ने एक-दूसरे की आँखों में झाँका। पहले तो उन्हें थोड़ा संकोच हुआ, परंतु वह जल्दी ही दूर हो गया, क्योंकि वे भविष्य के प्रति आशावादी हो चुके थे। फिर उन्होंने वह मुश्किल विचार-विमर्श शुरू किया, जो उन्हें करना ही था - आर्थिक हालत इतनी बुरी थी कि पानी अब सिर के ऊपर पहुँच चुका था और इससे भी बुरी बात यह थी कि नकारात्मकता तथा कुंठा उनके घर और वैवाहिक बंधन को कमज़ोर कर रही थी। सैम ने निराशा से स्वीकार किया कि सारी समस्याएँ उसी की वजह से पैदा हुई हैं। सूज़ेट ने उसे तसल्ली देते हुए कहा कि इस स्थिति के लिए उसे सिर्फ़ ख़ुद को दोष नहीं देना चाहिए। लेकिन सैम बार-बार इसी तरह की बातें करता रहा, जब तक कि सूज़ेट ने दृढ़ता से यह नहीं कहा, "पछताना बंद करो। अपनी ग़लतियाँ गिनना बंद करो। ख़ुद को दोष देना और सज़ा देना बंद करो। यह कहना बंद करो कि मैंने तुम्हारे कारण बहुत कष्ट उठाए हैं। बाहर निकलने का रास्ता खोजना बंद करो।"

सैम ने पलकें झपकाईं, "परंतु हमें बाहर निकलने का रास्ता खोजना होगा। और ईश्वर की मदद से -"

"हम बाहर *आ चुके हैं*, सैम। ईश्वर की मदद से हम बाहर *आ चुके हैं*। हमें कर्ज़ चुकाना है और अपना नज़रिया बदलना है, इसका यह मतलब नहीं है कि हम अब भी वहीं फँसे हुए हैं, जहाँ हम थे। क्या यह तुम्हें नज़र नहीं आता है? हम बाहर आ चुके हैं। हम *यहाँ* हैं। यहाँ से हम एक नई शुरुआत करेंगे। ईश्वर को धन्यवाद कि हम यहाँ पर एक

नए संकल्प और नई भावना के साथ हैं। हमारे पास पहले से ही इतना कुछ है, सैम..."

सैम ने सूज़ेट को बाँहों में भर लिया, "मेरी प्यारी पत्नी, तुम बहुत सुंदर हो। तुम अनमोल हो। और तुम सही भी हो। मैं मैगोविन का पहला सबक़ कैसे भूल सकता हूँ – कोई भी तब तक समृद्ध जीवन नहीं जी सकता, जब तक कि वह यह न जान ले कि वह पहले से ही अमीर है। हमारे पास बहुत कुछ है सूज़ेट, और आज हम नई राह पर चलना शुरू करेंगे।"

"यह आसान नहीं होगा।"

"नहीं, यह आसान नहीं होगा," सैम ने स्वीकार किया। "परंतु यह सही होगा।"

"तो हम शुरू करते हैं, ठीक है? हम यह काम अपने कर्ज़ की सूची बनाकर शुरू नहीं करेंगे, बल्कि अपने सुखों, वरदानों और नियामतों की सूची बनाकर करेंगे।"

"सूची! हाँ! जब मैं पहली बार मैगोविन से मिला था, तो उसने मुझे घर आकर कई बातों पर सोचने को कहा था। सूज़ेट, उसने मुझे इतने सारे सवालों पर सोचने के लिए कहा था कि मेरा तो दिमाग़ ही चकराने लगा। मुझे नहीं लगता कि अब मुझे वे सब सवाल याद होंगे, परंतु उसने आज कहा है कि मैं उन सवालों के बारे में तुम्हारे साथ... विचार-विमर्श करूँ।"

सूज़ेट मुस्कराई। वह जानती थी कि सैम को "विचार-विमर्श" से कितनी चिढ़ थी। और वह जानती थी कि वह इस आदमी से प्रेम करती थी, हालाँकि पिछले कुछ सालों से वह उसे दुख की घाटी में उतरते देख रही थी। इस दौरान सूज़ेट ने अपना सिलाई का काम ईमानदारी से किया था, अपने बच्चों को ईमानदारी से पढ़ाया था। और इस सबके बीच उसने अपने दिल और दिमाग़ को अपने काम पर केंद्रित किया था, व्यवसायी के रूप में भी और पत्नी, माँ तथा ज़िम्मेदार नागरिक के रूप में भी। हालाँकि इससे उसका गुज़ारा हो गया था, परंतु वह जानती थी कि एक दिन सैम का घमंड चूर हो जाएगा और उसका बिना नींव का संसार भरभराकर गिर पड़ेगा। लेकिन वह यह भी जानती थी कि वहाँ पर उसे एक मज़बूत नींव मिलेगी, जिसे उन्हें दोबारा खोजना है – एक साथ –

और उस पर दोबारा निर्माण करना है।

अब भी मुस्कराते हुए सूज़ेट ने पूछा, "वे कौन से सवाल थे?"

"मैं उन्हीं को याद कर रहा हूँ। हमें उन पर बातें करना है, ताकि हम अपनी प्राथमिकताएँ तय कर सकें।"

"ज़ाहिर है, यह बहुत अच्छी बात है। पहला सवाल?"

"मैगोविन ने पूछा था, 'तुम सचमुच कौन हो सैम, और तुम समृद्ध क्यों बनना चाहते हो?'"

सूज़ेट ने हँसकर कहा, "निश्चित रूप से यह पहला सवाल तो नहीं होगा!"

"नहीं... परंतु उसने असंभव सवाल पूछे थे। उसने कहा था कि मैं अपने पूरे जीवन की समीक्षा करूँ और सोचूँ कि धन-दौलत के प्रति मेरा बचपन से कैसा नज़रिया रहा है। मेरे माता-पिता धन कैसे कमाते थे और उन्होंने तथा गाँव वालों ने मुझे क्या सिखाया है। बचत करने, दान देने और ख़र्च करने के बारे में मेरी मान्यताएँ क्या हैं। मुझे यह भी सोचना था कि अपने काम में मुझे किस चीज़ से ख़ुशी मिलती है और मैं अपने काम के बारे में क्या सोचता हूँ। बहुत से सवाल थे, सूज़ेट - और मैं उन पर विचार करने के लिए सारी रात जागता रहा! ओह, और फिर... उसने मुझसे पूछा कि मैं अपने आर्थिक निर्णयों में तुम्हारी सलाह लेता हूँ या नहीं, और मैं तुम्हारे प्रति क्यों आकर्षित हुआ था...।"

"अच्छा, मुझे यह सवाल पसंद आया! क्या तुम जानते हो कि मैं तुम्हारे प्रति क्यों आकर्षित हुई थी?" सूज़ेट ने सैम को कनखियों से देखते हुए पूछा।

"मुझे लगता है, मैंने तुम पर जादू कर दिया था।" सैम ने उसे देखते हुए कहा।

"मेरे प्यारे पति! मैं तुमसे इसलिए प्रेम करने लगी थी, क्योंकि मुझे तुममें एक महान आत्मा नज़र आई। मैंने एक ऐसा आदमी देखा, जो अपने काम से प्रेम करता था और अपने सहकर्मियों के प्रति दयालु था। मैंने एक ऐसा आदमी देखा, जो अजनबियों की मदद करता था और अधिक अनुभवी व्यवसायियों की कला सीखने में समय लगाता था। और

मैंने एक ऐसा आदमी देखा, जिसकी आँखों में मेरे प्रति सच्चा प्रेम था - और इस तरह, तुमने मुझे पर जादू कर दिया था। लेकिन मैं उससे ज़्यादा व्यावहारिक हूँ, सैम। मैंने देखा कि ईश्वर तुम्हारी अंतरात्मा के माध्यम से अपना काम कर रहा है और यही वह सबसे महत्वपूर्ण बात थी, जो मुझे तुम्हारे क़रीब लाई। मुझे महसूस हुआ कि ईश्वर तुम्हें मेरी ज़िंदगी में लाया था - और मैं अब भी ऐसा ही महसूस करती हूँ।"

सैम ने नज़रें झुका लीं, "सूज़ेट, मैं नहीं जानता कि क्या कहूँ। निश्चित रूप से मैंने तुम्हें निराश किया है।"

"क्या तुम ईश्वर से प्रेम करते हो? क्या तुम मुझसे और बच्चों से प्रेम करते हो?"

"ज़ाहिर है। पूरे दिल से।"

"तो फिर मैं कभी निराश नहीं हो सकती...। तुमने मुझे यह नहीं बताया कि तुमने उस सवाल का क्या जवाब सोचा। तुम मेरी तरफ़ क्यों आकर्षित हुए थे?"

"मैं तुम्हारी तरफ़ इसलिए आकर्षित हुआ, क्योंकि मैंने सोचा था... मैं अब भी सोचता हूँ... कि तुम बहुत ही ख़ास हो। तुम समझदार, धैर्यवान, गुणी और ख़ुशमिज़ाज हो। मैं इससे बड़े वरदान के बारे में नहीं सोच सकता कि इतनी बेहतरीन महिला मेरे साथ ज़िंदगी बिताने के लिए तैयार हो जाए। तुम सचमुच सुंदर हो। मैं तुमसे बहुत प्रेम करता हूँ, सूज़ेट। मैं चाहता हूँ कि मैं तुम्हें हर चीज़ में हिस्सेदार बना लूँ।"

"आर्थिक निर्णयों में भी? धन और उधार लेने संबंधी निर्णयों में भी?"

सैम ने एक बार फिर नज़रें झुका लीं, "मैं सोचता हूँ कि यह थोड़ा मुश्किल होगा...। मैं सोचता हूँ..."

"सोचो मत। बातें करो। शुरू करो। इसी समय। हम अपनी आर्थिक पृष्ठभूमियों से बात शुरू करते हैं और उन सारे सवालों से, जिनका सुझाव मैगोविन ने दिया है। मैं शुरू करती हूँ।"

यह एक लंबी चर्चा थी। एक ऐसे पुरुष की, जो एक ग़रीब लकड़हारे के रूप में बड़ा हुआ और एक ऐसी महिला की, जो ज़्यादा आरामदेह स्थिति में गड़रियों की संतान थी और एक बड़ी जागीर पर एक

छोटी सी झोंपड़ी में पली-बढ़ी थी। एक ऐसे आदमी की, जिसे पढ़ना नहीं आता था, परंतु वह अंकों तथा पैसों की गिनती कर सकता था तथा नए औज़ार बना सकता था और एक ऐसी महिला की, जिसे एक शालीन अध्यापिका ने जागीर में शिक्षा दी थी। एक लंबी चर्चा उन दो लोगों के बीच, जो एक-दूसरे से बहुत प्रेम करते थे और आपस में हर चीज़ बाँटना चाहते थे।

चर्चा ख़त्म होते-होते बहुत रात हो गई। इस बीच सैम कई बार आग में लकड़ी डालने के लिए उठा - ख़ास तौर पर तब, जब "चर्चा" में गर्मागर्मी बढ़ने के संकेत नज़र आते थे। सैम बच्चों के लिए अच्छी चीज़ें चाहता था और सूज़ेट भी बच्चों के लिए अच्छी ज़िंदगी चाहती थी। सैम बहुत परेशान था कि कहीं उन्हें यह बड़ा मकान न छोड़ना पड़े। सूज़ेट को इस बात की परवाह नहीं थी कि मकान छूटने पर शहर के लोग क्या सोचेंगे। उन्होंने बच्चों की पढ़ाई पर चर्चा की और इस बारे में भी चर्चा की कि बच्चों को धन, ज़िंदगी और आध्यात्मिक मामलों में क्या सिखाया जाना चाहिए। उन्होंने एक-दूसरे की ख़र्च की आदतों, बचत की आदतों - या बचत न करने की आदतों पर चर्चा की और यह भी कि आर्थिक निर्णयों में किन चीज़ों को शामिल करना चाहिए, जो किसी भी इंसान के लिए एक मुश्किल विषय होता है!

लेकिन उन्होंने चर्चा की और वे बार-बार मूल मुद्दे पर लौटते रहे - ईश्वर से प्रेम करना और उसकी आवाज़ सुनना, ताकि वह उन्हें सभी मामलों में मार्गदर्शन दे।

"यह हमारी पहली प्राथमिकता है, सूज़ेट। मैं यह बात जानता हूँ, हालाँकि मैं अपनी अंतरात्मा की आवाज़ पर चलने से डरता हूँ। प्रार्थना और चिंतन के दौरान सब कुछ आश्चर्यजनक रूप से बहुत स्पष्ट होता है, जैसा पिछले दिनों जंगल में हुआ था। हाँ, यह मेरी पहली प्राथमिकता है। और यहाँ से हम बाक़ी सब चीज़ों की प्राथमिकता तय करेंगे। मैगोविन ने भी यही कहा था। और मैं जानता हूँ कि यह सच है।"

कुछ पल तक वे ख़ामोशी से आग की तरफ़ घूरते रहे। फिर उन दोनों ने गहरी साँस खींची और प्राथमिकताओं के विषय पर बातचीत शुरू की। परिवार और बच्चों की आध्यात्मिक आवश्यकताएँ। एक-दूसरे

की आध्यात्मिक आवश्यकताएँ। बच्चों के किस तरह के ग़लत व्यवहार पर किस तरह का अनुशासन होना चाहिए। ग़लतियाँ निकालने के बजाय प्रेम और प्रशंसा करने की प्राथमिकता। दुर्भाग्यों और संकटों पर कैसी प्रतिक्रिया होना चाहिए? और अंततः सैम के मस्तिष्क की सबसे बड़ी तथा चिंताजनक समस्या यानी कर्ज़, ख़र्च तथा आर्थिक दबावों पर कैसी प्रतिक्रिया होना चाहिए।

"मुझे लगता है कि पर्याप्त आमदनी का होना हमारी महत्वपूर्ण प्राथमिकता होना चाहिए, क्योंकि इससे मेरा और मेरे परिवार का भला होगा।"

"अगर तुम पर्याप्त कमाते हो, तो यह अच्छी बात है, सैम। लेकिन अगर तुम पर्याप्त नहीं भी कमा पाते हो, तो क्या तुम ख़ुद को असफल मानने लगोगे? निश्चित रूप से तुम्हारी प्राथमिकता यह होना चाहिए कि तुम आमदनी कमाने के लिए ईमानदारी और मेहनत से काम करो - उसके बाद हम यह तय करेंगे कि उस आमदनी में हम कितनी चीज़ों के साथ जी सकते हैं।"

"लेकिन मकान -"

"मकान बेचा जा सकता है या ज्यॉफ़्री को वापस लौटाया जा सकता है।"

"ओह नहीं... मैं ऐसा नहीं कर सकता -"

"अपनी प्राथमिकताएँ याद रखो, सैम। अगर तुम्हारा पूरा ध्यान ज़्यादा से ज़्यादा कमाई करने पर केंद्रित होगा, तो मकान से हमें ख़ुशी नहीं मिलेगी। मुझे बताओ सैम, ज़िंदगी में तुम्हारा लक्ष्य क्या है?" सूज़ेट ने सैम को मज़ाक़ में छेड़ा।

सैम थोड़े आराम की मुद्रा में आया और फिर मज़े लेते हुए बोला, "तुम्हारा मतलब है, 'तुम सचमुच कौन हो सैम और तुम समृद्ध क्यों बनना चाहते हो?' "

सूज़ेट हँसने लगी, "मुझे यही लगता है।"

"मैं दरअसल भवन-निर्माण के व्यवसाय में सफल होना चाहता हूँ। मुझे इस काम से प्रेम है। मुझे लकड़ी और पत्थर का स्पर्श बहुत पसंद है।

मुझे नए मकान या इमारत बनाने या उनकी रूपरेखा बनाने में मज़ा आता है। मुझे अपने कारीगरों के साथ काम करना अच्छा लगता है। लेकिन अब मेरा उत्साह खो गया है... मेरा समूह अब मेरे साथ ख़ुशी-ख़ुशी काम नहीं करता है, जिससे मेरा दिल दुखता है। मैं कौन हूँ? मैं एक साधारण लकड़हारा हूँ, जिसने अपने तथा अपने प्रियजनों के लिए बेहतर ज़िंदगी का सपना देखा था। मैं एक ऐसा इंसान हूँ, जो इस समय अनिश्चितता का सामना कर रहा है। क्योंकि कल मैं अपने आख़िरी ठेके पर काम शुरू करने जा रहा हूँ। कल मैं अपना काम शुरू करूँगा, हालाँकि मैं जानता हूँ कि मैं जिस काम से प्रेम करता हूँ, उसमें मैं सफल नहीं हुआ हूँ - या कम से कम जिसे मैं एक समय प्रेम करता था..."

"सैम... अब रहने भी दो -"

"सूज़ेट, हमें इस विचार-विमर्श की *ज़रूरत थी*। मैं जानता हूँ कि मुझे ईश्वर पर भरोसा करना चाहिए और अपने जल्दबाज़ी में लिए गए आर्थिक व व्यक्तिगत निर्णयों के बारे में तुमसे बातचीत करना चाहिए। लेकिन इससे मुझे यह पता नहीं चलता है कि मैं अपने कर्ज़ की अगली क़िस्त के बारे में क्या करूँ - जिसे मुझे तीन सप्ताह में चुकाना है।"

"तीन सप्ताह में तुम्हारा मकान पूरा हो जाएगा - या लगभग पूरा होने वाला होगा," सूज़ेट ने सुझाव दिया। "अभी इस मकान पर अपना ध्यान केंद्रित करो। जब कर्ज़ चुकाने की तारीख़ पास आएगी, तभी हम उसकी चिंता करेंगे। हाल-फ़िलहाल, सिर्फ़ अपने काम से प्रेम करो - सचमुच प्रेम करो - इसके प्रति कृतज्ञता अनुभव करो और उन लोगों से प्रेम करो, जो तुम्हारे लिए काम करते हैं।"

"सूज़ेट, तुमने यह बात बड़ी आसानी से कह दी।"

"मैंने नहीं, तुमने अपने लक्ष्य को जटिल बना लिया है। तुम्हारा लक्ष्य पैसा और प्रतिष्ठा है। तुम्हारा लक्ष्य है आने दो, आने दो, आने दो। इसलिए मुझे लगता है कि मेरे शब्द बहुत आसान लग रहे होंगे।"

सैम को ये शब्द चुभ गए, इसलिए वह ख़ामोश बैठा रहा।

"सैम, मैं जानती हूँ कि यह सब आसान नहीं होगा।" सूज़ेट काफ़ी देर तक ख़ामोश रही। फिर उसने पूछा, "हम अपने बच्चों को अनुशासित

क्यों करते हैं और उन्हें क्यों सिखाते हैं?"

सैम ने सूज़ेट को सूनी निगाहों से देखा, "क्योंकि हम उनके माता-पिता हैं।"

"मुझे लगता है कि जवाब इससे भी ज़्यादा आसान है। अगर हम ऐसा सिर्फ़ माता-पिता होने के कारण करते हैं, तो इसका मतलब यह है कि यह सिर्फ़ एक कर्तव्य है - और कर्तव्य हमें सिर्फ़ कुछ समय के लिए ही प्रेरित कर सकता है। कर्तव्य उनके लालन-पालन में हमारा प्रमुख लक्ष्य नहीं होता। एक बार फिर जवाब दो, सैम। हम उन्हें सही रास्ता दिखाने के लिए इतनी मेहनत क्यों करते हैं? इसका जवाब बहुत आसान है।"

सैम कुछ समय तक आग की तरफ़ घूरता रहा और फिर अपनी धैर्यवान पत्नी को देखते हुए बोला, "क्योंकि हम उनसे प्रेम करते हैं।"

"हम उनसे प्रेम करते हैं," सूज़ेट ने दोहराया। "प्रेम ही हमारी सच्ची प्रेरक शक्ति है। ज़िंदगी, ईश्वर और धरती के प्रति हमारा प्रेम उनके प्रति हमारे प्रेम में प्रवाहित होता है। सिर्फ़ इसलिए नहीं, क्योंकि उनमें हमारा ख़ून दौड़ रहा है और वे हमारी ज़िम्मेदारी हैं, बल्कि इसलिए क्योंकि वे हमारी और ईश्वर की संतानें हैं। हम उनसे बिना शर्त प्रेम करते हैं। हम इतने स्वाभाविक रूप से उस प्रेम की वजह से काम करते हैं कि हम यह सोचते ही नहीं हैं कि प्रेम ही हमारा उद्देश्य है।"

"तुम सही कह रही हो। ज़ाहिर है कि यही सही है। तुमने सही कहा कि हम कर्तव्य से नहीं, बल्कि प्रेम से प्रेरित होते हैं। परंतु इसका मेरे काम से क्या लेना-देना है?"

सूज़ेट ने सैम का गाल चूमा, "मुझे विश्वास है कि इसका हर चीज़ से लेना-देना है... हर चीज़ से!"

सैम ने सूज़ेट की तरफ़ देखा। उसकी आँखें नाच रही थीं, ख़ुशी से चमक रही थीं, आशा से सजीव लग रही थीं और उनमें बच्चों जैसा विश्वास झलक रहा था। उसने हैरानी से कहा, "सूज़ेट, तुम्हारा चेहरा चमक रहा है। तुम्हारे पास ऐसा क्या है, जिसके कारण तुममें इतनी उमंग रहती है?"

"क्या तुम जानते हो कि मैं काम क्यों करती हूँ, सैम? क्या तुम

जानते हो कि मैं सिलाई करने के लिए उत्सुक क्यों रहती हूँ?"

"क्योंकि तुम्हें सिलाई करने से प्रेम है, क्योंकि तुम्हें सुंदर कपड़े और पोशाकें बनाने से प्रेम है, क्योंकि तुम इस काम को बहुत अच्छी तरह से करती हो और तुम्हें अपने काम के बदले में आमदनी होती है।"

"यह सिर्फ़ आधी सच्चाई है। हाँ, मैं यह काम अच्छी तरह से कर लेती हूँ और मुझमें इसकी जन्मजात प्रतिभा भी है। मैं जानती हूँ कि ईश्वर ने मुझे यह प्रतिभा दी है और उसी ने मुझसे इसका उपयोग करने को कहा है। उसने मुझसे प्रेम करने के लिए भी कहा है, इसलिए मैं अपने काम के माध्यम से दूसरों से प्रेम करती हूँ।"

सैम सुनता रहा। वह जानता था कि उसकी पत्नी उसे गहरी समझदारी का पाठ पढ़ा रही थी।

"सैम, मैं अपने ग्राहकों से सचमुच प्रेम करती हूँ - चिड़चिड़े ग्राहकों से भी! जब मैं बटन टाँकती हूँ, तो मैं कल्पना करती हूँ कि वह आदमी या औरत दिन में काम करने के लिए तैयार हो रहा है और मैं उस व्यक्ति से प्रेम करती हूँ। इसलिए मैं बटन के उस छेद में प्रेम भर देती हूँ। जब मैं किसी बच्चे की चादर पर फूल काढ़ती हूँ, तो मैं उस नवजात शिशु से प्रेम करती हूँ, जो अभी पैदा भी नहीं हुआ है। इसलिए मैं उस कढ़ाई में प्रेम भी टाँक देती हूँ। क्या मेरे ग्राहक यह बात जानते हैं? शायद हमेशा नहीं। लेकिन मुझे इससे कोई फ़र्क़ नहीं पड़ता है कि वे मेरे प्रेम के बारे में जानते हैं या नहीं। मैं काम के माध्यम से अपने प्रेम को व्यक्त करती हूँ, चाहे किसी को पता चले या न चले। बहरहाल, मुझे लगता है कि यह किसी न किसी तरह झलक जाता है और ईश्वर दूसरों को प्रेम करने के लिए मुझे आशीर्वाद देता है। इसीलिए मुझे कभी ग्राहकों या काम की कमी नहीं हुई। दूसरों से प्रेम मुझे काम करने की प्रेरणा देता है। यह मुझे इस योग्य बनाता है कि मैं अपनी प्रतिभा द्वारा सेवा करूँ और इसके बदले में मुझे आर्थिक पुरस्कार का वरदान मिलता है।"

एक बार फिर ख़ामोशी छा गई, सिर्फ़ अँगीठी में तड़कती लकड़ी की आवाज़ें सुनाई दे रही थीं...।

"और मैं जानता हूँ, मेरी प्यारी पत्नी कि तुम मुझे बताओगी कि इस बात का संबंध मुझसे किस तरह है।"

"मेरा पति सबसे समझदार पति है!" सूज़ेट ने अपने पति के गाल को एक बार फिर चूमा, "सैम, तुम्हें सिर्फ़ अपने काम से ही प्रेम नहीं करना चाहिए - अपने शारीरिक काम से या अपनी इमारत से। और तुम्हें निश्चित रूप से उसके बदले में मिलने वाले आर्थिक पुरस्कारों से भी प्रेम नहीं करना चाहिए। यह ग़लत प्रेम और ग़लत उद्‌देश्य है। अगर तुम्हारा उद्‌देश्य धन है, तो मैं तुम्हें यह बता दूँ कि तुम्हें सुख नहीं मिल पाएगा। तुम्हें ईश्वर और उसकी बुद्धिमत्ता से प्रेम करना चाहिए, तुम्हें उसकी बुद्धिमत्ता के अनुसार अपनी प्राथमिकताएँ तय करना चाहिए, तुम्हें दूसरे लोगों से प्रेम करना चाहिए और तुम्हें अपने गुणों से उनकी सेवा करने का कोई तरीक़ा खोजना चाहिए। तुम्हारा उद्‌देश्य प्रेम होना चाहिए - सच्चा, बिना शर्त का प्रेम।"

"तुम कह रही हो कि मुझे उन लोगों से प्रेम करना चाहिए, जिन्होंने मुझे यह मकान बनाने को कहा है?"

"हाँ। यह इतनी ही सीधी बात है। पैसे को भूल जाओ और अपने ग्राहकों को प्रेम करने पर ध्यान केंद्रित करो। उन लोगों से प्रेम करो, जो उस मकान में रहेंगे। अपने कर्मचारियों से प्रेम करो। और तुम्हें उस मकान से भी प्रेम करना चाहिए, जो तुम और ईश्वर मिलकर बना रहे हैं।"

"हूँ। वैसे ये लोग कोई ख़ास लोकप्रिय नहीं हैं - थोड़े रूखे हैं। आस-पास के तीन शहरों में मैं ही इकलौता फ़ोरमैन था, जो उनका मकान बनाने को तैयार हुआ। वे शायद घटिया लोग होंगे और मैं जानता हूँ कि वे हर क़दम पर शिकायत करेंगे।"

"तुम्हें उनसे प्रेम करना चाहिए। ईश्वर हमसे यह नहीं कहता है कि हम सिर्फ़ अच्छे लोगों से ही प्रेम करें या सिर्फ़ उन्हीं से करें, जिन्हें हमारे हिसाब से प्रेम की ज़रूरत है। प्रेम की *सबको* ज़रूरत है। इसे खोजो, सैम। अपने भीतर यह इच्छा जगाओ कि तुम प्रेम से काम करोगे। यह वहाँ है। मैं तुम्हें बहुत अच्छी तरह जानती हूँ। तुम डरते हो कि प्रेम की प्रेरणा की वजह से कहीं तुम्हारा लाभ कम न हो जाए।"

सच्चाई की आवाज़ हमेशा सच्ची लगती है। और सैम जानता था कि इन शब्दों में बुद्धिमत्ता भी थी और सच्चाई भी। "यह... मुझे सोचना होगा..." उसने धीमे से कहा।

"अब सोने का समय हो गया है। हम दोनों ही इस लंबे विचार-विमर्श से थक चुके हैं। मैं तुमसे प्रेम करती हूँ, सैम। और मेरी दुआएँ तुम्हारे साथ हैं। कुछ ही घंटों में तुम उन ग्राहकों का मकान बनाने के लिए उठोगे, जिन्हें तुम्हारे प्रेम की ज़रूरत है!" वे दोनों हँसे और सारा तनाव व चिंता उस हँसी में घुल गई।

इस तरह उनकी रात की चर्चा आशावादी मानसिकता के साथ ख़त्म हुई...।

और अगले दिन...

...सैम ने सूज़ेट को चूमकर विदा ली और अपने नए काम पर नई भावना के साथ गया। वह अपने समूह के सामने खड़ा हो गया। वे लट्ठों और पत्थर के ढेरों के पास खड़े थे तथा सैम के "आदेशों" का इंतज़ार कर रहे थे।

लेकिन इसके बजाय सैम वहाँ खड़ा रहा। उसने पहले अपने समूह को देखा, फिर अपने जूतों को और फिर दूर देखा। आख़िरकार उसके मुँह से शब्द निकलेः

"साथियो। आज हम मकान नहीं, बल्कि घर बनाने जा रहे हैं। आज आप कारीगर नहीं हैं, बल्कि सपना तराशने वाले हैं। आज आपके सामने एक ऐसा काम शुरू करने का अवसर है, जिस पर आपको गर्व हो - एक ऐसा काम, जिससे इस घर में रहने वाले लोगों को ख़ुशी मिले।"

उसके कारीगर स्तब्ध रह गए। उनके सामने आज यह कौन खड़ा था? आदेशों की वह बौछार कहाँ गई, जो आम तौर पर उन्हें काम में जुटा देती थी? वे इस तरह के अनोखे शब्दों पर क्या प्रतिक्रिया करें?

सैम आगे बोलता गया, "आज हम इमारत बनाने की सामग्री में एक ऐसी चीज़ मिलाएँगे, जिसे हम काफ़ी समय से नहीं मिला रहे हैं। आज हम एक ऐसी चीज़ मिलाएँगे, जो सीमेंट से ज़्यादा मज़बूत है, पत्थर

से ज़्यादा स्थायी है और अच्छी लकड़ी से ज़्यादा समृद्ध है। आज हम इसमें प्रेम मिलाएँगे।"

उसके समूह के लोग अवाक् रह गए - दरअसल वे असहज और परेशान हो गए। वे सोचने लगे, क्या असफलता के कारण सैम का दिमाग़ चल गया था? क्या वह सरक गया था?

"थॉमस!"

समूह का ध्यान तत्काल खिंच गया।

"थॉमस, आज नींव डालने के काम में तुम समूह का नेतृत्व करोगे। सभी पत्थर अच्छी तरह रखना। इस बारे में सावधान रहना कि सतह समतल रहे। और थॉमस, हम सहारे के लिए घटिया लकड़ी का इस्तेमाल नहीं करेंगे, जैसा हम पहले करते आए हैं। हम सबसे अच्छी और सबसे मज़बूत लकड़ी का इस्तेमाल करेंगे। तुम जानते हो, क्यों?"

"हूँ... क्योंकि मालिकों ने ऐसा करने को कहा है?"

"नहीं, थॉमस। ऐसा इसलिए है क्योंकि हमें यही करना चाहिए। अगर हम सचमुच इन लोगों से और इनके नाती-पोतों से प्रेम करते हैं, जो किसी दिन हमारे बनाए फ़र्श पर खेलेंगे, तो हमें इसे मज़बूत और बेहतरीन बनाना चाहिए। हम चाहते हैं कि इस मकान का मालिक मानसिक रूप से आश्वस्त रहे कि फ़र्श का आधार लंबे समय तक चलेगा और नीचे से नहीं सड़ेगा। हम चाहते हैं कि हमारे बनाए फ़र्श देखकर यह साफ़ दिख जाए कि हम परवाह करते हैं - सिर्फ़ मकान के बारे में नहीं, बल्कि इसमें रहने वाले लोगों के बारे में भी। पत्थर की नींव बनाते समय हमारे मन में यही विचार होना चाहिए कि यह नींव एक अच्छे फ़र्श को सहारा देगी। आओ शुरू करें।"

और उन्होंने ऐसा ही किया। जब उन्होंने साफ़ धरती पर नींव रखना शुरू की, तो कारीगरों ने आपस में फुसफुसाकर कहा कि सैम निश्चित रूप से बदल गया था। बहरहाल, उन्हें उसके मार्गदर्शन और प्रेरक शब्दों से कोई आपत्ति नहीं थी। सच्चाई तो यह थी कि इन लोगों को अपने काम पर गर्व था, इसलिए उन्होंने सैम के इस नए अंदाज़ का स्वागत किया। दोपहर तक एक कारीगर सीटी बजाने लगा। शाम तक

एक मज़बूत, सुंदर और समतल नींव तैयार हो चुकी थी।

"धन्यवाद, साथियो। हमने बेहतरीन काम किया है। ईश्वर की कृपा है कि मुझे आप जैसे लोगों का समूह मिला। हम कल सुबह फिर मिलेंगे।"

उस शाम सैम ने सूज़ेट को दिन भर की बातें बताईं, "मैं तुम्हारी बुद्धिमत्ता के शब्दों पर अमल कर रहा हूँ। मुझे लगता है कि कारीगर थोड़े हैरान हैं, लेकिन मैं अंत तक इस बात पर ज़ोर देता रहूँगा कि यह प्रेम का परिश्रम है। और अंत में..."

"अंत में सैम, हम देखेंगे कि हमारे पास कितना पैसा आता है और फिर हम साहूकार के पास चलेंगे। इस विषय पर बातें करने के लिए बस इतना ही है, है ना? और अब, इस सूप तथा ब्रेड का आनंद लो, जो मैंने तुम्हारे लिए बनाइ है।" फिर सूज़ेट ने अपनी आँखों में चमक लाते हुए कहा, "मैंने इसे प्रेम के साथ तैयार किया है, क्योंकि मैं जानती थी कि तुम इसे खाओगे!"

...

अपने इरादे के अनुरूप सैम ने हर क़दम पर अपने साथियों से कहा कि वे मकान में रहने वालों की ख़ुशी के बारे में सोचें। बीच-बीच में जब मकान मालिक मकान को देखने आया, तो कई बार उसने ऐसी ग़लतियाँ निकालीं, जिनसे सैम के संकल्प का इम्तहान हुआ। बहरहाल, सैम ने अपने समूह से ज़ोर देकर कहा कि वे इन बातों को दिल पर न लें, बल्कि उस ख़ुशी के बारे में सोचें, जो मकान में रहने वालों को भविष्य में मिलेगी।

उसने इस प्रेरणा को जितना ज़्यादा व्यक्त किया, उसे अपने अंदर यह उतनी ही सजीव होती लगी। उसने हर वर्णन के महत्व को जितना ज़्यादा व्यक्त किया, काम करते समय उसे उतनी ही ज़्यादा शांति महसूस हुई। उसने देने के पहलू पर जितना ज़्यादा ध्यान केंद्रित किया, उसे... और उसके कर्मचारियों को अपने काम से उतना ही ज़्यादा सुख और संतुष्टि मिली।

हर खिड़की उस व्यक्ति के लिए प्रेम के साथ तैयार की गई, जो

इसके पल्ले खोलकर दिन का स्वागत करेगा। अँगीठी को सावधानी से बनाया गया, ताकि यह ऊष्मा प्रदान करती लगे - भले ही इसमें आग न जल रही हो! दरवाज़ों को सुंदर बनाया गया। गुलदस्तों और परिवार के फ़ोटो रखने के लिए जगह बनाई गई। छत को ज़्यादा ढलवाँ बनाया गया। अब तक सैम ने कभी इतनी ढलवाँ छत नहीं बनाई थी। हालाँकि यह काम सैम और छत बनाने वालों के लिए मुश्किल था, परंतु सैम जानता था कि सिर्फ़ ढलवाँ छतें ही बारिश और बर्फ़ झेल सकती हैं। वह जानता था कि आम तौर पर जो छतें बनाई जाती हैं, उनसे पानी रिसने लगता है या फिर वे तड़क जाती हैं, यहाँ तक कि गिर भी जाती हैं।

हर शाम को सैम सूज़ेट को अपनी प्रगति के बारे में बताता था और हर शाम को सूज़ेट घर पर एक ऐसे आदमी का स्वागत करती थी, जिसके क़दमों और दिल में उमंग थी - एक ऐसा आदमी, जो अपने काम से प्रेम करता था और जिसे अपने ग्राहकों से प्रेम करने का तरीक़ा मिल गया था।

घर लगभग पूरा हो गया था और कर्ज़ की क़िस्त चुकाने की तारीख़ क़रीब आ रही थी। सैम जानता था कि उसे ज्यॉफ़्री साहूकार से मुलाक़ात का समय तय कर लेना चाहिए। इसलिए वह काम के बाद एक शुक्रवार को ज्यॉफ़्री के घर गया।

जब ज्यॉफ़्री ने दरवाज़ा खोला, तो सैम ने बहुत शांति से पूछा कि अगले सप्ताह जब वह अपनी क़िस्त चुकाने आएगा, तो क्या वह उससे अपने कर्ज़ के बारे में चर्चा कर सकता है।

"क्यों नहीं! अगले शुक्रवार को - लंच के बाद किसी भी समय आ जाओ, मैं यहीं मिलूँगा।"

"तो फिर अगले शुक्रवार की दोपहर को मिलते हैं। और मैं अपनी पत्नी सूज़ेट को भी साथ लाऊँगा।"

"बिलकुल," ज्यॉफ़्री ने अपनी असामान्य धीमी आवाज़ में कहा। "मुझे लगता है यह बहुत समझदारीपूर्ण होगा।"

"धन्यवाद। मैं एक सप्ताह बाद आता हूँ।" सैम हैरान था कि वह कितना शांत महसूस कर रहा था। मकान की सफलता से उसका

मनोबल बढ़ गया था। वह इससे होने वाले मुनाफ़े के बारे में नहीं सोच रहा था - या इसके बजाय वह मुनाफ़े के विचारों से विचलित नहीं हो रहा था। वह इतना शांत था कि मैगोविन की दुकान के पास से गुज़रते समय वह ठहरा - और ज़ाहिर है, अंदर चला गया!

"सैम!" मैगोविन के चेहरे पर मुस्कान आ गई, जब उसने अपने शिष्य और मित्र को दुकान के अंदर आमंत्रित किया।

"मैं देख रहा हूँ कि आप काले चमड़े के बहुत शानदार जूते बना रहे हैं, मैगोविन।"

"हाँ-हाँ, मेरे मित्र! ये जूते डचेस और उसकी पुत्रियों के लिए हैं। वे घुड़सवारी में रुचि रखती हैं। तुम बहुत अच्छे दिख रहे हो, मेरे युवा शिष्य!"

"मैगोविन, तुमसे बात करके मेरे कलेजे को ठंडक पहुँचती है। मुझे तुम्हारी बहुत याद आती है। परंतु मैं एक मकान बनाने में बहुत व्यस्त हूँ, बहुत ज़्यादा व्यस्त हूँ...।"

"मैं तुम्हारे नए मकान के बारे में जानता हूँ। वह चार गली दूर बन रहा है। उस मकान के बारे में अच्छी चर्चा है। बहुत अच्छी चर्चा। यह कहा जा रहा है कि मकान बनाने वाले उस मकान से प्रेम करते हैं और सब लोग भावी मकान मालिकों से ईर्ष्या करने लगे हैं। वे जैसा मकान चाहते थे, उन्हें उससे बेहतर मकान मिल रहा है। है ना?" मैगोविन की आँखों में चमक आ गई थी।

सैम हँसा, "मुझे लगता है आप सही कह रहे हैं। लेकिन इस मकान ने दुखद स्थिति से बाहर निकलने में मेरी मदद की है, इसलिए मुझे इस बात का कोई अफ़सोस नहीं है कि इसमें मुझे थोड़ा कम मुनाफ़ा होगा। यह मकान मेरे लिए वरदान साबित हुआ है, क्योंकि अब मैं जानता हूँ कि अपने काम में मुझे सबसे ज़्यादा आनंद किस बात से मिलता हैः सेवा करना और प्रेम तथा सम्मान की भावना के साथ काम करना।"

"तुम्हारे पहियों ने निश्चित रूप से गति पकड़ ली है," मैगोविन ने हैरानी से कहा। "मुझे आशा नहीं है कि तुम मकान बनाने का काम छोड़कर जूते बनाने के काम में मेरे साथ आओगे!"

"कौन जानता है," सैम हँसा। "हाल-फ़िलहाल तो मेरा कोई भविष्य ही तय नहीं है। फिर भी अब मैं पहले से ज़्यादा प्रेरित हूँ। कई वर्षों से मैं कभी इतना प्रेरित नहीं हुआ हूँ। मुझे उम्मीद है कि मुझे जल्दी ही एक और काम मिल जाएगा।"

"और तुम्हें कौन सी चीज़ प्रेरित करती है, सैम?" मैगोविन ने उसे ग़ौर से देखते हुए कहा।

"यह थोड़ा आसान लगता है... परंतु मुझे प्रेम से प्रेरणा मिलती है। मैं काम के माध्यम से लोगों से प्रेम करना चाहता हूँ। मैं उनकी सेवा करना चाहता हूँ, अपने गुणों से उन्हें लाभ पहुँचाना चाहता हूँ और यह एहसास पाना चाहता हूँ कि मैंने उनके जीवन में कोई महत्वपूर्ण योगदान दिया है। मैं अपने व्यवसाय को आमदनी के स्रोत के रूप में नहीं, बल्कि ज़िंदगी तथा दूसरों के प्रति अपने प्रेम की अभिव्यक्ति के रूप में देखता हूँ।"

"तुम ईश्वर के साथ मिलकर मकान बनाना चाहते हो?"

"हाँ, मैगोविन। मैं बुद्धिमत्ता और प्राथमिकता के नियमों को नहीं भूला हूँ। उन्होंने ही मुझे इस नए नज़रिये तक पहुँचाया है। दरअसल, मेरी समझदार और लगनशील पत्नी सूज़ेट ने मुझे याद दिलाया कि मेरा ध्यान कहाँ केंद्रित होना चाहिए। वह बहुत अद्‌भुत महिला है, मैगोविन।"

"हाँ, और एक अद्‌भुत शिक्षक भी! मैंने तुमसे क्या कहा था कि तुम्हारी अगली अध्यापिका तीसरे नियम की विशेषज्ञ होगी?"

"तीसरा नियम? आपका क्या मतलब है? सूज़ेट? कैसे...?"

"तीसरा नियम उद्‌देश्य का नियम है। जब तक तुम अपने दिल और आत्मा से यह न मान लो कि सभी कार्यों और काम-धंधे का सर्वोच्च उद्‌देश्य दूसरों को प्रेम करने और उनकी सेवा करने की इच्छा है, तब तक तुम कभी सच्ची स्थायी समृद्धि हासिल नहीं कर सकते।"

सैम अपनी भावनाओं के ज्वार में खो गया था। "आप कैसे जानते थे कि वह मुझे यह नियम सिखा देगी?" सैम फुसफुसाया।

"क्योंकि मैं उसका काम जानता हूँ। और मुझे उसके काम में प्रेम देखता है। मुझे कपड़े थमाते समय उसकी आँखों में उन ग़रीबों के लिए प्रेम छलकता है, जिनके लिए मैं उससे कपड़े सिलवाता हूँ। एक बार भी,

सैम, एक बार भी उसने इन कपड़ों में कंजूसी नहीं की, हालाँकि वह मुझसे सिलाई की पूरी क़ीमत नहीं लेती है। हर कपड़ा इतनी मज़बूती से सिला जाता है कि वह सौ धुलाई भी झेल सकता है। कढ़ाई भी दोषरहित होती है। तुम्हें उन माँओं को देखना चाहिए, जिन्हें सूज़ेट के बनाए कपड़े, चादरें और पर्दे मिलते हैं। उनकी आँखें कृतज्ञता से भर जाती हैं। वे महिलाएँ उस स्पष्ट प्रेम से अभिभूत हो जाती हैं, जो हर कपड़े की सिलाई में छुपा है। और तुम पूछते हो, मुझे कैसे मालूम कि सूज़ेट तुम्हें काम में प्रेम भरने के वरदान के बारे में सिखाएगी?" मैगोविन ने सैम की पीठ पर धौल जमाई। "सैम, मैं यह बात कैसे *नहीं* जानूँगा? ज़रूरत तो सिर्फ़ इस बात की थी कि तुम्हारा दिल और कान खुले रहें!"

"तो... क्या इसका मतलब यह है कि मैं चौथा नियम जल्दी ही सीखने वाला हूँ? अब क्या मैं यह सबक़ आपसे सीखूँगा?"

"इस बात से मत डरो, सैम! मुझे विश्वास है कि तुम जल्दी ही मकान बनाना शुरू कर दोगे। चौथा नियम सीखने के लिए तुम्हें ज्यॉफ़्री के पास जाना होगा।"

"ज्यॉफ़्री! कितनी अजीब बात है कि आपने उसका नाम लिया! मैंने अभी-अभी उससे एक सप्ताह बाद मिलने का समय लिया है... अपने कर्ज़ के बारे में!"

"अच्छा... तुम्हारे कर्ज़ के बारे में। हाँ, वह उस विषय में भी बातें करेगा, परंतु वह तुम्हें कुछ और भी सिखाएगा। वह तुम्हें स्वतंत्रता के बारे में सिखाएगा।"

"स्वतंत्रता? मैगोविन, मुझे आपकी बातें सुनकर हैरानी होती है, लेकिन मैंने आपके हर शब्द पर विश्वास करना सीख लिया है।"

मैगोविन ने सैम की विश्वास भरी आँखों में मुस्कराते हुए झाँका, "मैं यह सुनकर बहुत ख़ुश हुआ सैम, क्योंकि मैं अपने शब्दों में प्रेम भरता हूँ। इसका कारण यह है कि मैं जानता हूँ कि वे न सिर्फ़ तुम्हारे कानों में पड़ेंगे, बल्कि तुम्हारे दिल में भी उतर जाएँगे।"

9

भुगतान की योजनाएँ

सैम और उसका वफ़ादार समूह "प्रेम के साथ" जो मकान बना रहे थे, वह सबका ध्यान आकर्षित कर रहा था। हर दिन शहर के लोग टहलते हुए निर्माण-कार्य की प्रगति देखने के लिए आ जाते थे और कारीगरों को ख़ुशी-ख़ुशी काम करते देखते थे, जिन्हें इस छोटे से मकान को बनाने में गर्व महसूस हो रहा था।

और फिर वे सवाल पूछने लगते थे। दरवाज़े तक जाने वाला रास्ता सीधा क्यों नहीं है, घुमावदार क्यों है? "क्योंकि इस पेड़ के नीचे फूल के पौधे लगेंगे और हमने सोचा कि मालिकों को घर लौटते समय फूलों के पास से गुज़रना अच्छा लगेगा।"

पीछे की तरफ़ ढाल क्यों बना है? "ताकि पानी की बाल्टियाँ गाड़ी से घर में लाई जा सकें। क्या यह मालिकों के लिए ज़्यादा आरामदेह नहीं रहेगा?"

शहर के लोगों को हैरानी हुई कि कारीगर मालिकों के आराम की इतनी परवाह कर रहे थे। उनकी कारीगरी बेमिसाल थी। उनके गाने और सीटी बजाने से उनके मनोबल का पता चल जाता था। निश्चित रूप से, "मकान" को देखने के लिए रुकना एक तरह से सबके लिए ज़रूरी हो गया - व्यस्त व्यापारियों और छोटे बच्चों की माँओं के लिए भी।

...

ज्यॉफ़्री से मिलने के एक दिन पहले सैम को मकान की चार क़िस्तों में से तीसरी क़िस्त मिली। टैक्स वसूलने वाला राजा का हिस्सा लेने के लिए वहाँ पर आ गया। वह भी इस सुंदर मकान को प्रशंसा से देख रहा था, जिसमें से गर्मजोशी की भावनाएँ प्रवाहित हो रही थीं।

टैक्स वसूल करने वाले को वहाँ रुकना अटपटा लग रहा था - लोग उसे देखकर ख़ुश नहीं होते थे - परंतु उसे यह मकान बहुत आकर्षक लग रहा था। यह उसी तरह का घर था, जो वह अपनी पत्नी और अपने छोटे बच्चे के लिए बनवाना चाहेगा। वह सैम को एक तरफ़ ले गया और उसने झिझकते हुए पूछा कि क्या वह उसके परिवार के लिए घर बनाएगा।

सैम ने जवाब दिया, "आप मुझे जितना व्यस्त समझ रहे हैं, दरअसल मैं उतना व्यस्त नहीं हूँ। मैं एक हफ़्ते में आपका घर बनाना शुरू कर सकता हूँ। तब तक यह मकान पूरा हो जाएगा।"

"इतनी जल्दी!" टैक्स वसूलने वाले का दिल ख़ुशी से उछल पड़ा। "सचमुच ? मैं दस्तावेज़ तैयार करवाता हूँ! मेरे पत्नी बहुत ख़ुश होगी। अब तक मैंने किसी से भी मकान बनाने के लिए कहने की हिम्मत नहीं की थी...। मुझे डर था कि कोई भी यह काम नहीं करेगा, या फिर वह मुझे चूना लगाने की कोशिश करेगा। लोग मुझे पसंद नहीं करते हैं। टैक्स वसूल करने की नौकरी की वजह से मुझे पसंद नहीं किया जाता है।"

सैम ने टैक्स वसूलने वाले की पीठ पर धौल जमाते हुए कहा, "मेरा समूह आपके परिवार के लिए घर बनाने में सम्मान का अनुभव करेगा। और हम अपनी तरफ़ से सर्वश्रेष्ठ काम करेंगे!" फिर हँसते हुए उसने आगे जोड़ा, "आज मैं आपको जो सिक्के दे रहा हूँ, उनमें से कुछ सिक्के दोबारा हासिल करने का इससे बेहतर तरीक़ा क्या हो सकता है ?"

...

उस शाम को सैम और सूज़ेट ने कर्ज़ देने वाले साहूकार से मिलने की तैयारी की। कर्ज़ की क़िस्त आठ सौ सिक्के थी। अपने कारीगरों का भुगतान करने के बाद सैम के पास बारह सौ सिक्के बचे थे। उन्हें राहत थी कि उनके पास कल के लिए पर्याप्त धन था - परंतु यह चिंता भी

थी कि अगले महीने के ख़र्च और अगली क़िस्त के भुगतान के लिए पर्याप्त धन नहीं था। हाथ में कोई भी पक्का ठेका नहीं होने के कारण सैम ने यह स्वीकार कर लिया कि उन्हें अब अपना मकान नहीं रखना चाहिए। बहरहाल, न जाने क्यों इस बात से अब वह उतना विचलित नहीं हुआ, जितना एक महीने पहले हुआ होता।

अगले दिन दोपहर को सैम और सूज़ेट ने अपने बच्चों को पड़ोस में छोड़ा और संकल्प के साथ ज्यॉफ़्री से मिलने गए।

"अंदर आ जाइए। मैंने चाय बना ली है।" ज्यॉफ़्री उन्हें अंदर ले गया और अपनी स्वाभाविक धीमी आवाज़ में उनका अभिवादन किया। ज्यॉफ़्री के शब्दों को सुनने के लिए बहुत ध्यान से सुनना पड़ता था। वह बहुत कम बोलता था और हमेशा बहुत धीमे बोलता था।

बैठने के बाद सैम बोला, "ज्यॉफ़्री, मैं सीधे मुद्दे की बात पर आता हूँ। हम इस महीने की क़िस्त तो ले आए हैं, परंतु मैं इस बात की गारंटी नहीं दे सकता कि हम अगले महीने की क़िस्त भी ला पाएँगे। यह रहे आपके आठ सौ सिक्के -" सैम ने ज्यॉफ़्री के सामने मोटे कपड़े की एक थैली रख दी - "और इसके बाद भी मेरे पर्स में चार सौ सिक्के बचे हैं। एक सप्ताह में मकान पूरा हो जाएगा और तब मुझे उसकी आख़िरी क़िस्त के आठ सौ सिक्के मिलेंगे। बहरहाल, जैसा कि आप जानते हैं, हमें अगले महीने के ख़र्च और भोजन का इंतज़ाम भी करना पड़ेगा। सूज़ेट की सिलाई-कढ़ाई से भी आमदनी होगी और मुझे भी एक ऐसा व्यक्ति मिल गया है, जो मुझसे मकान बनवाने में रुचि रखता है, लेकिन हाल-फ़िलहाल मेरे हाथ में कोई ठेका नहीं है।" सैम ने साँस ली, "इसलिए अब मुझे आपकी सलाह की ज़रूरत है कि आगे क्या किया जाए। क्या हमें अतिरिक्त ब्याज चुकाना चाहिए और क़िस्तों के भुगतान को कुछ महीने तक टालना चाहिए, जब तक कि मैं फिर से अपने पैरों पर खड़ा नहीं हो जाता? या हमें मकान को बेच देना चाहिए या वापस कर देना चाहिए? हमें समझ में नहीं आ रहा है कि हम इस कर्ज़ से कैसे निबटें।" सैम ने पहले अपने हाथों को, फिर सूज़ेट को और इसके बाद ज्यॉफ़्री को देखा।

ज्यॉफ़्री ने अपने सामने बैठे दोनों लोगों को देखा। "तो..." सैम और सूज़ेट उसकी आवाज़ को साफ़ सुनने के लिए आगे झुक गए। "तो आपके पास अगले महीने के लिए कम से कम छह सौ चालीस सिक्के होंगे। क्या इससे तुम्हारा काम चल जाएगा?" उसने सूज़ेट की तरफ़ देखा।

"छह सौ चालीस? नहीं, मुझे नहीं लगता कि इनसे घर ख़र्च चल पाएगा, परंतु दरअसल हमारे पास सैम की आमदनी के आठ सौ सिक्के होंगे और –"

ज्यॉफ़्री ने अपना हाथ धीमे से उठाया और सैम की तरफ़ देखा, "तुम्हें अगले महीने की क़िस्त मिल जाएगी, सैम। इस बात की तसल्ली रखो। लेकिन शायद तुम सही कह रहे हो। मुझे लगता है कि तुम्हारा मकान तुम्हारी आमदनी... और तुम्हारी ज़रूरतों के हिसाब से बहुत ज़्यादा बड़ा है।"

सैम और सूज़ेट थोड़ी दुविधा में थे। क्या उन्होंने ज्यॉफ़्री की बात साफ़ सुनी थी? वह कौन से छह सौ चालीस सिक्कों की बात कर रहा था? और वह कैसे जानता था कि सैम को अगले महीने की क़िस्त मिल जाएगी?

सैम बोला, "मैंने मूर्खतावश एक बहुत महँगे मकान के लिए कर्ज़ ले लिया है और मुझे शर्म आ रही है कि मैंने इतना ज़्यादा उधार ले लिया है, जिसे मैं आसानी से नहीं चुका सकता। परंतु अभी आपने क्या कहा था...?"

"टैक्स वसूलने वाला मार्कस कल शाम को मुझसे कर्ज़ लेने आया था। उस मकान के लिए, जो तुम बनाने वाले हो। मैं जानता हूँ कि तुम उसके लिए एक अच्छा मकान बनाओगे। तुम उसकी सेवा करने के लिए तत्पर रहोगे। और मुझे... मुझे भी ऐसे तरीक़ों से उसकी सेवा करने का अवसर मिलेगा, जिन्हें वह अभी समझता नहीं है।" ज्यॉफ़्री की आवाज़ अब इतनी धीमी हो गई थी कि सैम और सूज़ेट को लगा, जैसे वे कोई प्रार्थना सुन रहे हों।

"हाँ, तुम्हें अगले महीने की क़िस्त मिल जाएगी, सैम और सूज़ेट। परंतु मुझे इस बात की ख़ास चिंता नहीं है।" एक बार फिर वह सूज़ेट

की तरफ़ मुड़ा, "छह सौ चालीस सिक्कों में तुम्हारा काम नहीं चल पाएगा ?"

सूज़ेट हैरान थी कि वह इसका क्या जवाब दे, "मेरे पास पर्याप्त रहेगा। जैसा हमने कहा था, सैम को अगले सप्ताह आठ सौ सिक्के मिल जाएँगे और मैं अपनी सिलाई से चार सौ पचास सिक्के कमा लूँगी। ज़ाहिर है, उनमें से पचास टैक्स में चले जाएँगे, लेकिन फिर भी महीने के ख़र्च के लिए बारह सौ बच जाएँगे और इतना काफ़ी होगा। परंतु आप मेरे ख़र्च के बारे में क्यों जानना चाहते हैं ?"

"सूज़ेट, मैं तुम लोगों की आर्थिक सेहत का बहुत ख़्याल रखता हूँ। मैं तुम लोगों को कोई ऐसा कर्ज़ नहीं देना चाहता हूँ, जो तुम्हारी ख़ुशी या सद्‌भावना में विघ्न डाले। मैं तुम्हारे लिए सिर्फ़ सर्वश्रेष्ठ समृद्धि चाहता हूँ। मुझे बताओ, क्या एक हज़ार सिक्कों में तुम एक महीने का ख़र्च चला सकती हो ?"

"एक हज़ार में ? यह मुश्किल होगा, लेकिन हमारे पास बारह सौ सिक्के होंगे, ज्यॉफ़्री –"

एक बार फिर ज्यॉफ़्री ने अपना हाथ उठाया। वह उन दोनों की तरफ़ गर्मजोशी से मुस्कराया, "तुमने मुझे दो हज़ार सिक्कों की आमदनी बताई है, है ना ? अब तक सैम को बारह सौ मिल चुके हैं, उसे चार सौ और मिलेंगे। इसके अलावा सूज़ेट के चार सौ सिक्के।"

"हाँ, यह सही है," सैम ने जवाब दिया। "हमने पहले ही टैक्स चुका दिया है और हम आपको आठ सौ सिक्कों का भुगतान कर रहे हैं। इस तरह से हमारे पास महीने भर के लिए बारह सौ सिक्के बचते हैं।"

"लेकिन क्या तुमने ईश्वर को कुछ दिया है ?"

सैम और सूज़ेट स्तब्ध रह गए। झिझकते हुए सूज़ेट बोली, "हम स्वार्थी नहीं हैं, ज्यॉफ़्री। बिलकुल नहीं हैं। हर महीने मैं ग़रीबों के लिए कम क़ीमत पर कपड़े सिलती हूँ। ऐसा करने में मुझे ख़ुशी मिलती है। और हम समय-समय पर चर्च में दान भी देते हैं।"

"यह अच्छी बात है। यह सचमुच अच्छी बात है। और मैं यहाँ पर तुम्हारा मूल्यांकन नहीं कर रहा हूँ। मैं तुम लोगों से प्रेम करता हूँ और

मैं जानता हूँ कि तुम ईश्वर के बताए रास्ते पर चलना चाहते हो, इसलिए मैंने यह बात छेड़ी है। दिल से सुनो। जब तक तुम अपनी आमदनी का कम से कम दस प्रतिशत ईश्वर और ज़रूरतमंदों की सेवा में नहीं दोगे, तब तक तुम अपनी दौलत का सच्चा आनंद नहीं ले पाओगे। इन दो हज़ार सिक्कों का दस प्रतिशत दो सौ होता है। यह तुम्हारी दान की राशि है।"

हालाँकि सैम का हृदय मैगोविन से मिलने के बाद पिछले कुछ महीनों में काफ़ी खुल चुका था, परंतु अचानक वह एक बार फिर उलझन महसूस करने लगा।

"ज्यॉफ़्री, स्पष्ट रूप से आपकी बातें सही हैं। और मैं बड़ी उम्मीद से आज आपके पास आया था, क्योंकि मैगोविन ने कहा था कि आप मुझे स्वतंत्रता के बारे में सिखाएँगे। लेकिन हाल-फ़िलहाल मुझे ऐसा लगता है कि हम पर बहुत बोझ है। हम इस समय ज़रूरतमंदों के लिए अपनी दस प्रतिशत आमदनी दान में नहीं दे सकते हैं। मैं ईश्वर की सेवा के प्रति समर्पित हूँ। हम दोनों पूरी तरह समर्पित हैं।" सैम ने सूज़ेट का हाथ थाम लिया। "हमने उसकी बुद्धिमत्ता और मार्गदर्शन के लिए अपने मस्तिष्क के द्वार खोल दिए हैं। मुझे अपने काम से दूसरों की सेवा करने में सच्ची शांति और ख़ुशी की नई भावना मिली है। इस समय क्या इतना ही काफ़ी नहीं है? क्या मुझे क़ीमती सिक्के भी देना होंगे, जिनकी मेरे परिवार को ज़रूरत है?"

"तुम्हारा दिल सचमुच उदार है।" ज्यॉफ़्री ने अपने हाथ उनके बँधे हाथों पर रख दिए, "तुम दोनों पर ईश्वर की कृपा है। मैं इसे उस घर में देखता हूँ, जो तुम बना रहे हो, सैम। मैं इसे उन कपड़ों में देखता हूँ, जो मेरी पत्नी तुमसे ख़रीदती है, सूज़ेट। तुम सही रास्ते पर चल रहे हो। लेकिन अगर तुम पूर्ण स्वतंत्रता चाहते हो - जिसमें आर्थिक स्वतंत्रता भी शामिल है - तो तुम्हें अपनी ऊर्जा के सारे स्रोतों का दान करना चाहिए। इनमें तुम्हारा धन भी शामिल है।"

ज्यॉफ़्री पीछे टिका और चाय डालने लगा, "सैम, मुझे बताओ। अगर तुम बहुत दौलतमंद होते, तो क्या तुम दान देने और दूसरों की मदद करने में अपने धन का इस्तेमाल करके ख़ुश नहीं होते?"

सैम के चेहरे पर चमक आ गई, "अरे हाँ! मैं बहुत ज़्यादा ख़ुश होता!"

"मुझे दिख रहा है कि तुम्हारे चेहरे पर चमक आ गई है - ऐसा करने में तुम्हें... मज़ा आया होता, है ना?"

"इतना उदार और दयालु होना मुझे बहुत अच्छा लगता। यह मेरा सपना था।"

"तो फिर तुम इस सपने को पूरा क्यों नहीं कर रहे हो?"

सैम अवाक् रह गया। ज्यॉफ़्री ने आगे कहा, "सूज़ेट, जब सैम अपनी घोड़ागाड़ी की मरम्मत करवाता है, तब भी क्या उसकी आँखों में इसी तरह की चमक आती है?"

सूज़ेट ने राहत से हँसते हुए कहा, "नहीं, मुझे नहीं लगता!"

"उसके पास दो गाड़ियाँ हैं, लेकिन उनकी मरम्मत के आर्थिक बोझ में उसे कोई मज़ा नहीं आता है।" ज्यॉफ़्री सैम की ओर मुड़ा, "क्या अतिरिक्त गाड़ी से तुम्हें उतनी ख़ुशी मिलती है, जितनी तुमने दान के बारे में सोचते समय महसूस की थी?"

"मुझे... मुझे नहीं लगता, परंतु..."

"हाँ?"

"मैं अभी दौलतमंद नहीं हूँ।" अचानक सैम का ध्यान अपने शब्दों की तरफ़ गया और उसने गहरी साँस खींची, "नहीं। यह सच नहीं है। मैं दौलतमंद हूँ। मैं उन नियमों का पालन कर रहा हूँ, जो मैगोविन ने मुझे बताए हैं। और पहला क़दम यह मानना था कि मुझ पर ईश्वर की कृपा है और मैं समृद्ध हूँ। मैं कई मायनों में दौलतमंद हूँ, ज्यॉफ़्री। लेकिन धन के मामले में नहीं हूँ... अब तक।"

"लेकिन तुम समृद्धि की राह पर तो चल रहे हो?"

"हाँ!"

"तुम ज़िंदगी में सफल और समृद्ध होना चाहते हो? तुम सार्थक ज़िंदगी जीना चाहते हो?"

"अपने पूरे दिल से।"

"तो तुम्हें ईश्वर के साथ एक ज़्यादा गहरी साझेदारी करना होगी और अपनी आमदनी का एक हिस्सा दूसरों को देना होगा, क्योंकि तुम्हें बनाने वाला उनसे भी प्रेम करता है और उनका भी ख़्याल रखता है।"

"लेकिन ज्यॉफ़्री, अगर मैं अपनी दस प्रतिशत आमदनी दान में दे दूँगा, तो मैं नहीं जानता कि मैं आपको अपेक्षित भुगतान कर सकता हूँ या नहीं।"

"सैम, अगर तुम दान नहीं दे सकते, तो तुम सचमुच अपने संसाधनों के बाहर जी रहे हो। तुम ख़ुद को बहुत बड़ी ख़ुशी से वंचित रख रहे हो।"

एक बार फिर सैम ख़ामोश रहा। सूज़ेट ने उससे कहा, "वे सही कह रहे हैं, सैम। हमें अपने स्वामित्व की चीज़ों से बहुत ज़्यादा ख़ुशी नहीं मिल रही है। कुछ चीज़ों की तो हमें सचमुच ज़रूरत है, लेकिन ज़्यादातर चीज़ें तो हमने सिर्फ़ इच्छा के कारण ख़रीदी हैं - और उनका स्वामी बनने की ख़ुशी जल्दी ही ख़त्म हो जाती है। मुझे इस बारे में शांति महसूस हो रही है। अपने कर्ज़ न चुका पाने की दहशत में ज़िंदगी गुजारने के बजाय मैं यह ज़्यादा पसंद करूँगी कि हम संयम के साथ जिएँ और अपनी समृध्दि दूसरों के साथ बाँटें। हम यह काम कर सकते हैं, सैम।"

सैम ने कमरे के कोने में देखा, "मैं आज जिस चीज़ की उम्मीद कर रहा था, कम से कम वह यह तो नहीं थी। मैं यहाँ पर अपने कर्ज़ के बारे में सलाह लेने आया था और मैंने यह सीखा कि मुझे अपने धन का और भी कम हिस्सा अपने पास रखना चाहिए।" फिर वह उन दोनों की तरफ़ मुड़ा, जिनकी आँखों में सच्ची समझ और परवाह थी, "परंतु मैं यह करूँगा, क्योंकि मैं जानता हूँ कि आप सच कह रहे हैं।"

ज्यॉफ़्री ने सिर हिलाया, "और तुम जानते हो कि मैं साहूकार के रूप में अपने प्रभाव का इस्तेमाल नहीं कर रहा हूँ। इसके बजाय, एक साथी इंसान के रूप में, मैं तुमसे अपने दिल की बात कह रहा हूँ। दस प्रतिशत आमदनी दान में देने के इस नियम का पालन करके, अपनी दौलत बाँटकर तुम अपने सपनों तक पहुँच जाओगे, सैम।"

"तो यह चौथा नियम है, है ना?" सैम ने ज्यॉफ़्री की आँखों में दृढ़ता से देखा।

ज्यॉफ़्री मुस्कराया, "उदारता का नियम। यह सिर्फ़ कर्तव्य या कमांडमेंट नहीं है। यह तो अपने सुख और यहाँ तक कि अपनी दौलत को बढ़ाने का साधन है। इस नियम की शर्त यह है कि आप ख़ुद को ईश्वर का माध्यम और साझेदार मानें। दूसरों की मदद करते समय आप उन लोगों की मदद करते हैं, जिनसे ईश्वर प्रेम करता है। उसे तुम लोगों की ज़रूरत है, सैम और सूज़ेट। उसे तुम्हारी प्रार्थनाओं, निष्ठा, ख़ुशी और दान की ज़रूरत है। हम अगले महीने एक बार फिर तुम्हारे मकान की क़िस्त के भुगतान के बारे में चर्चा करेंगे। आज ही तुम अपने चार सौ सिक्कों में से दो सौ सिक्के निकालकर पादरी के पास ले जाओ।"

हालाँकि सैम हैरान हो रहा था कि अगली आमदनी तक उनका ख़र्च कैसे चलेगा, लेकिन वह ऐसा करने के लिए तैयार हो गया।

"ईश्वर पर विश्वास रखो, सैम। आज तुम बहुत संतोष और स्वतंत्रता महसूस करोगे। इसके विश्लेषण की झंझट में मत पड़ो। दान देने के अपने सपने में आस्था रखो। एक महीने बाद लौटना और मुझे अपने कर्ज़ के बारे में नहीं, बल्कि अपनी स्वतंत्रता के बारे में बताना!"

सैम और सूज़ेट ने ज्यॉफ़्री को धन्यवाद दिया, अपने पर्स में से दो सौ सिक्के निकालकर उन्हें एक छोटी थैली में रखा और फिर सड़क के पास बने छोटे चर्च की तरफ़ चल दिए। दोनों ने एक-दूसरे की तरफ़ देखा, थैली बाहर निकाली और पादरी के घर के लकड़ी के दरवाज़े पर दस्तक दी।

पादरी युवा और उत्साही थे। उनका नाम राइट था। वे कुछ साल पहले ही इस शहर में आए थे, लेकिन सब लोग उनसे प्रेम करने लगे थे। वे शहर के सभी लोगों की सेवा करने का अथक प्रयास करते थे, उन लोगों की भी, जो उनके चर्च में नहीं आते थे। दरवाज़ा खोलने पर उन्होंने सैम और सूज़ेट का ख़ुशी-ख़ुशी अभिवादन किया, "कितना अद्‌भुत आश्चर्य है! सूज़ेट, मैं अभी तुम्हारे नाम का ही ज़िक्र कर रहा था! मैं शहर के बच्चों के लिए एक स्कूल शुरू करना चाहता हूँ। यह तो

तुम जानती ही हो कि इस शहर में बहुत कम लोग पढ़ सकते हैं। मेरा सपना है कि मैं पवित्र साहित्य को अधिक से अधिक लोगों तक पहुँचाऊँ। अगर मैं अपने घर में एक स्कूल शुरू कर सकूँ... तो बच्चों के लिए यह बहुत बड़ा वरदान होगा - और उन सभी वयस्कों के लिए, जो पढ़ना सीखना चाहते हैं। मैं जानता हूँ सूज़ेट कि तुम पढ़ती हो और अपने बच्चों को भी पढ़ाती हो। मैं प्रार्थना में अभी तुम्हारे नाम का ही ज़िक्र कर रहा था...।" सूज़ेट की तरफ़ देखते समय पादरी की आँखों में चमक थी।

सूज़ेट ने सिर हिलाया और हँसते हुए बोली, "राइट महोदय, अगर आपको मेरी मदद की ज़रूरत है, तो मैं निश्चित रूप से इस काम में आपकी मदद करूँगी। ऐसा करके मैं सम्मानित महसूस करूँगी। यहाँ तक कि मेरी सबसे बड़ी बच्ची भी छोटे विद्यार्थियों को पढ़ाने में मदद कर सकती है।"

"ईश्वर को लाख-लाख धन्यवाद!" युवा पादरी ने कहा। फिर आसमान की तरफ़ हँसते हुए देखकर वे आगे बोले, "और अब, हे परम पिता, अगर आप स्कूल की पुस्तकों के मेरे दरवाज़े तक आने की व्यवस्था कर दें, तो मैं और भी ज़्यादा कृतज्ञ तथा सचमुच हैरान हो जाऊँगा!"

"शायद आप इससे पुस्तकें ख़रीद सकते हैं," सैम ने अपनी छोटी थैली उनके सामने रख दी। "ये सिर्फ़ दो सौ सिक्के हैं, लेकिन..."

पादरी स्तब्ध रह गए। आम तौर पर वे शब्दों के प्रयोग में निपुण थे, परंतु इस समय वे ख़ामोशी से उस थैली की तरफ़ देखते रहे और उनके चेहरे पर आँसू बहने लगे। उनके मुँह से शब्द नहीं निकल पा रहे थे।

"निश्चित रूप से इनसे स्कूल शुरू हो सकता है," सूज़ेट ने अजीब सी ख़ामोशी को तोड़ने के लिए कहा।

पादरी ने थैली की तरफ़ देखा और चौड़ी मुस्कान के साथ कहा, ''इनसे काम बन जाएगा। मैं तुम्हें धन्यवाद देता हूँ। और ईश्वर तुम्हें धन्यवाद देता है। तुमने बिलकुल सही समय पर दान दिया है।"

सूज़ेट ने कहा, "हमें ख़ुशी है कि हम आपके किसी काम आए। मैं कल आपसे मिलूँगी, ताकि स्कूल की योजना में आपकी मदद कर सकूँ...।"

और अगले दिन...

...सूज़ेट खाना बना रही थी, जब सैम दरवाज़े से अंदर आया। "शनिवार की इतनी सुहावनी दोपहर को तुम अपनी पत्नी से कुछ कहे बिना कहाँ चले गए थे?" उसने मज़ाक़ में उसे फटकारते हुए कहा।

"मैंने थॉमस को अपनी एक घोड़ागाड़ी बेच दी। वह काफ़ी समय से पैसे बचा रहा था और मैं जानता था कि मेरी इस्तेमाल की हुई गाड़ी उसे नई गाड़ी से सस्ती पड़ेगी।" सैम ने टेबल पर सिक्कों की एक थैली रख दी। "ये तीन सौ सिक्के हैं। दो सौ तुम्हारे घर ख़र्च के लिए हैं। बाक़ी के सौ तुम सोमवार को पादरी के यहाँ ले जाना।"

"सैम! तुम हमेशा कहते थे कि सिर्फ़ ग़रीब लोगों के पास ही एक गाड़ी होती है। तुम्हें उस गाड़ी की कमी तो नहीं खलेगी?" सूज़ेट गर्व से अपने पति को देख रही थी।

"मुझे उस गाड़ी की कमी कभी नहीं खलेगी। और अब ऐसी दो चीज़ें हो गई हैं, जिन्हें मैं हमेशा अपने पास रखूँगा।"

सूज़ेट ने अपने पति को गले लगाया, उसे चूमा और पूछा, "कौन सी दो चीज़ें?"

"जब तक मैं ज़िंदा रहूँगा, तब तक मुझे थॉमस के चेहरे की ख़ुशी हमेशा याद रहेगी, जब मैंने उसके सामने अपनी अच्छी गाड़ी इतनी कम क़ीमत पर देने का प्रस्ताव रखा। और मैं पादरी राइट के चेहरे के भाव को भी हमेशा सँजोकर रखूँगा, जब हमने उन्हें पूरी आस्था के साथ वे सिक्के दान में दिए थे। ये यादें मुझे इतनी ख़ुशी देती हैं, जो उस घोड़ागाड़ी से कभी नहीं मिल सकती थी। ज़िंदगी रोमांचक बन रही है, सूज़ेट! मैं भूख से छटपटा रहा हूँ! खाने के लिए क्या है?"

10

वास्तविकता की जाँच

सैम अपने कारीगरों के साथ खड़े होकर कुछ देर तक अपने बनाए मकान को निहारता रहा। मकान ख़ास बड़ा तो नहीं था, लेकिन वह मज़बूत बना था और यह कहता लगता था, "स्वागत है।" पत्थर का काम बेहतरीन था, लकड़ी के फ्रेम आकर्षक तथा उपयोगी थे, खिड़की के सिल पर्याप्त बड़े थे (उस पर कई गमले रखने की पर्याप्त जगह थी) और घर के दरवाज़े तक जाने वाले रास्ते को सोच-विचारकर बनाया गया था। पत्थर से बने इस पक्के रास्ते के दोनों तरफ़ फूलों के पौधे भी लगाए गए थे।

यह एक ऐसा मकान था, जिसे बनाने पर गर्व किया जा सके। यह एक ऐसा मकान था, जिस पर इसके नए मालिक गर्व कर सकें। और यह एक ऐसा मकान था, जो कई पीढ़ियों तक चलेगा - और हर पीढ़ी छोटी-छोटी चीज़ों तथा गुणवत्तापूर्ण निर्माण को देखकर यह समझ जाएगी कि इस घर को प्रतिभाशाली हाथों और प्रेमपूर्ण हृदय वाले लोगों ने बनाया था।

सैम का दिल गर्व से फूला नहीं समा रहा था। न सिर्फ़ उसके समूह ने सफलतापूर्वक मकान पूरा कर लिया था, बल्कि उसे ग्रेको से यह ख़बर भी मिली थी कि कई लोग उसके समूह से अस्तबल, दुकान या घर

बनवाना चाहते हैं या उस इलाक़े के पुलों की मरम्मत करवाना चाहते हैं। सैम इतना ख़ुश था कि उसे हवा की ठंडक का ज़रा भी एहसास नहीं हुआ। ख़ामोशी से उसने ईश्वर को इतने सुहावने दिन के लिए और एक नई राह दिखाने के लिए धन्यवाद दिया। ईश्वर सूज़ेट पर कृपा करे, जिसने उस पर विश्वास किया था। ईश्वर मैगोविन पर कृपा करे, जिसने उसे नई दिशा दिखाई थी। ईश्वर ज्यॉफ़्री पर कृपा करे, जिसने धैर्यपूर्वक उसे शिक्षा दी थी। उसने सोचा कि ज्यॉफ़्री को यह बताना कितना रोमांचक होगा कि अब कर्ज़ की क़िस्त चुकाने में कोई समस्या नहीं आएगी - क्योंकि अब हर चीज़ दोबारा पटरी पर आ गई थी!

नए मालिकों ने सैम को आख़िरी क़िस्त देते हुए कहा कि वे अपने नए घर को देखकर बहुत ख़ुश थे। जवाब में सैम ने गर्व से कहा, "और हम आपको धन्यवाद देते हैं, जो आपने हमें अपने लिए मकान बनाने और सेवा करने का अवसर दिया। हमें यह काम करने में बहुत ख़ुशी हुई। ईश्वर आपको यहाँ हमेशा ख़ुश रखे।"

सैम ने अपने समूह के हर व्यक्ति को मेहनताना दे दिया और फिर वह इंतज़ार कर रहे मार्कस की ओर मुड़ा, जो घर को देखकर विशेष रूप से प्रभावित था।

"मैंने अपनी ज़मीन के कुछ हिस्से की सफ़ाई करवा ली है, सैम! मैं बता नहीं सकता हूँ कि मैं और मेरी पत्नी इस बात से कितने रोमांचित हैं कि अब आख़िरकार हमारा घर बनने वाला है। यह बात नहीं है कि हम राजमहल की शहरी चहारदीवारी के भीतर बने मकान के प्रति कृतज्ञ नहीं हैं..." उसने सोचते हुए कहा, "लेकिन मेरी पत्नी को बागवानी का शौक है और मैंने हमेशा से बकरियाँ पालने का सपना देखा है।"

"आपका मतलब है कि आपने टैक्स वसूलने वाले की नौकरी का सपना नहीं देखा था?" सैम ने उस आदमी से कहा, जो अपने व्यक्तिगत जीवन के बारे में शहर के लोगों से शायद ही कभी बोलता था। और मुँह से यह निकलते ही सैम अपने शब्दों पर पछताने लगा।

"इस काम में अच्छी तनख़्वाह मिलती है," मार्कस का चेहरा थोड़ा सख़्त हो गया। "हम सबका राजा के प्रति कर्तव्य होता है। टैक्स के बिना

हम सेना कैसे तैयार कर सकते हैं, सड़क कैसे बना सकते हैं और नहरें कैसे बना सकते हैं?"

"आप ठीक कह रहे हैं, मार्कस," सैम को अपना दिल डूबता हुआ महसूस हुआ। "मेहरबानी करके मुझे माफ़ कर दें। मैं मज़ाक़ करने की कोशिश कर रहा था और मेरी कोशिश कोई ख़ास अच्छी नहीं थी...। आपका पद सचमुच आवश्यक है, हालाँकि मैं स्वीकार करता हूँ कि इससे मुझे कई बार चिढ़ होती है...।" सैम यह समझ गया कि उसने मार्कस की आशाओं और सपनों के बारे में जानकारी हासिल करने का एक अद्भुत अवसर गँवा दिया था। उसने दोबारा भूमिका बनाने की कोशिश की, "परंतु यह महत्वपूर्ण नहीं है, है ना? आज हम आपके नए घर की योजना बनाते हैं - एक ऐसा घर, जो इस तरह से बनेगा, ताकि आपकी बकरियाँ आपकी पत्नी की सब्ज़ियों से दूर रहें, ठीक है?"

यह सुनकर मार्कस के चेहरे पर मुस्कराहट आ गई, जिसे देखकर सैम को अच्छा लगा। "और मेरे ये बढ़िया कारीगर आपके लिए एक ऐसा घर बनाएँगे, जिससे आप प्रेम करेंगे!" यह कहते हुए सैम अपने समूह की तरफ़ मुड़ा। उसे यह देखकर हैरानी हुई कि वे लोग थोड़े शर्मिंदा और दुखी दिख रहे थे और उससे नज़रें नहीं मिला रहे थे। एक बार फिर उसका दिल डूब गया।

"साथियो, निश्चित रूप से आप लोग मार्कस का घर बनाने के लिए तैयार होंगे -"

"फ़ोरमैन सैम," थॉमस ने कहा, "आप हमारी परेशानी के कारण को समझने में ग़लती कर रहे हैं। हम आपके साथ अगला मकान भी बनाना चाहते हैं। लेकिन ग्रेको ने हममें से कुछ लोगों को - जिनमें मैं भी शामिल हूँ - दूसरी टीम में भेज दिया है। दरअसल, उसने हम लोगों को कई महीने पहले ही दूसरी टीमों में रख दिया था - तब आपको ठेके नहीं मिल रहे थे और..."

सैम शांत और ख़ामोश रहा, "मैं समझता हूँ। परंतु कुछ लोग तो मेरे साथ यह मकान बनाना चाहते होंगे?" सैम ने आशा भरी नज़रों से अपने समूह की तरफ़ देखा।

"हाँ," थॉमस ने जवाब दिया। "परंतु इसके लिए आपको ग्रेको से बात करना होगी, अकेले में।"

इस बार सैम को शांति के बजाय चिंता महसूस हुई। फिर भी उसने ख़ुद को सँभालते हुए कहा, "ठीक है, मैं ग्रेको से मिलूँगा। मार्कस, मैं आपके मकान पर काम शुरू करने के लिए अपने साथियों के साथ सोमवार को आता हूँ! मैं यहाँ खड़े अपने सभी साथियों को धन्यवाद देता हूँ। ईश्वर आप सब पर कृपा बनाए रखे! हमने जिस काम को करने का संकल्प किया था, उसे हमने पूरा कर दिया है। हमने एक ऐसी जगह बना दी है, जहाँ प्रेम रह सके। और आज का दिन बहुत यादगार रहेगा!"

परंतु जब वह ग्रेको से मिलने गया, तो उसका दिल शंकाओं से भरा था। ग्रेको शहर के पार एक लुहार की दुकान की दीवारों की मरम्मत के काम पर निगरानी कर रहा था। सैम झिझकते हुए वहाँ तक पहुँचा।

...

"सैम! मैं आज शाम को ही तुमसे मिलने तुम्हारे घर आने वाला था।" ग्रेको ने सैम से हाथ मिलाने के लिए अपना हाथ बढ़ाया।

हाथ मिलाने के बाद सैम बोला, "तब तो मुझे ख़ुशी हुई कि मेरे आने से आपके आने की मेहनत बच गई। मेरे साथियों ने कहा था कि मैं आपसे मिल लूँ। मुझे आशा है कि आप इस बात से ख़ुश होंगे कि कई लोग मेरी सेवाएँ लेना चाहते हैं।"

"मैं ख़ुश हूँ, सैम।" ग्रेको ने उसे एक तरफ़ आने का इशारा किया, ताकि वे अकेले में बातें कर सकें, "लेकिन मैं बिलकुल ईमानदारी से बोलूँगा। मैं अब तुम्हें एक साल के लिए फ़ोरमैन के कर्तव्यों से मुक्त कर रहा हूँ। मैं तुम्हें जॉन द एल्डर के समूह में कारीगर के रूप में भेज रहा हूँ। वह बहुत अच्छा फ़ोरमैन है और उसके जीवनमूल्य भी वही हैं, जो तुमने इस आख़िरी मकान को बनाते समय दिखाए थे। मुझे यक़ीन है कि तुम उसके निर्णयों से सहमत होगे और मुझे यह विश्वास भी है कि वह भी तुमसे कुछ सीखेगा।"

"मैं-मैं-मैं समझा नहीं," सैम ने हकलाते हुए कहा। अब उसके ख़ुश चेहरे पर उलझन के बादल मँडराने लगे थे। "आप मुझसे ख़ुश हैं... फिर भी –"

ग्रेको ने सैम के निराश कंधे पर अपना हाथ रखा, "मैंने यह निर्णय कुछ महीने पहले ले लिया था, सैम। मैं तुम्हारे आख़िरी मकान के पूरा होने का इंतज़ार करना चाहता था।'' ग्रेको की आँखों में दयालुता के साथ दृढ़ता भी थी। "जब मैं कोई निर्णय लेता हूँ, तो मैं दूर तक और देर तक सोचता हूँ। मैं कई पहलुओं पर अच्छी तरह विचार करता हूँ : कौन सा काम करना है? इसका ग्राहकों और कारीगरों पर क्या प्रभाव पड़ेगा? इसके आर्थिक प्रभाव क्या होंगे? और मैं अपने निर्णयों के प्रभाव के बारे में भी अच्छी तरह सोचता हूँ, चाहे वह एक व्यक्ति के मामले में ही क्यों न हो - जैसे तुम्हारे बारे में, सैम।

"पिछले कुछ सालों से मैं दुखी होकर देख रहा था कि तुम्हारी नेतृत्व क्षमता कम होती जा रही है। तुमने जल्दबाज़ी में इमारतें बनाईं, जिनकी वजह से ग्राहकों में असंतोष बढ़ता जा रहा था। मैंने यह भी देखा कि तुम सफलता को भौतिक रूप से परिभाषित करने लगे थे। यह देखकर मुझे सबसे ज़्यादा दुख हुआ। मैं जानता हूँ कि तुम किस मिट्टी के बने हो - सैम, मैं तुमसे अपने बेटे की तरह प्रेम करता हूँ और मुझे तुम्हारे गुणों तथा योग्यताओं पर अब भी भरोसा है -"

"ग्रेको, मेहरबानी करके यह सब न कहें। मैं ये बातें समझ चुका हूँ! मैंने ख़ुद को ईश्वर के प्रति समर्पित कर दिया है। मेरा हृदय-परिवर्तन हो चुका है और मैंने अपनी प्राथमिकताओं को बदल लिया है। मैं नेतृत्व करने के लिए पहले कभी उतना ज़्यादा तैयार नहीं था, जितना इस वक़्त हूँ...।"

ग्रेको ने सैम की आग्रह करती आँखों में झाँका और धीमे से बोला, "तब तो यह सेवा करने के लिए आदर्श समय है, सैम।"

"ग्रेको, मेहरबानी करके मुझ पर भरोसा करें -"

"मुझे तुम पर भरोसा है। मैं देख रहा हूँ कि तुमने अपनी ज़िंदगी को बेहतर दिशा में मोड़ लिया है। परंतु मैं यह भी जानता हूँ कि इंसान के लिए बदलना तब ज़्यादा आसान हो सकता है, जब वह ईश्वर और उसकी दया पर निर्भर हो। रोशनी हमेशा उस व्यक्ति को ज़्यादा सुंदर और आकर्षक लगती है, जो अँधेरे से बाहर निकलने का रास्ता खोज रहा

हो। सवाल यह है कि क्या वह नवीनीकरण की सफलता की चमक में उस रोशनी का अनुसरण कर पाएगा? *ऐसे समय में ही* इंसान की परीक्षा होती है, सैम।

"हाँ, मुझे तुम पर भरोसा है। लेकिन तुम्हारा अतीत का काम अब भी ऊँचे स्वर में बोलता है। यह आख़िरी मकान पिछले कई सालों की तुम्हारी छवि को नहीं मिटा सकता। अब भी ऐसे बहुत से लोग हैं, जो तुम्हारे अधीन काम करने में हिचकते हैं या तुमसे काम करवाने में झिझकते हैं। इंसान अपने एक उदार पल या एक सफल काम की बदौलत नहीं पहचाना जाता है, वह तो अपनी आदतों और नज़रियों से पहचाना जाता है। दरअसल अगर मैं तुमसे कम प्रेम करता और अगर तुम्हारी सेवाओं में हाल ही में इतने सारे लोगों ने रुचि नहीं ली होती, तो मैं तुम्हें निर्माण कार्य करने वालों के समूह से पूरी तरह से बाहर कर देता।"

"परंतु लोगों के आग्रह...। मैंने उनके प्रस्तावों के आधार पर कुछ निर्णय ले लिए हैं...। एक कारीगर की तनख़्वाह पर मेरा गुज़ारा कैसे होगा?" सैम को शर्म और असफलता महसूस होने लगी। उसने अपने सिर को इधर-उधर हिलाया और आख़िरकार अपने हाथ सिर पर रख लिए।

"तुम अपने अतीत की आदतों और सफलता की अनुभूतियों को शायद उतनी आसानी से नहीं बदल सकते हो, जितना तुम्हें लगता है, सैम। उन्हें बदलने में बहुत मेहनत और समय लगता है। तुम अतीत की जीवनशैली को बनाए रखना चाहते हो, हालाँकि उसी की वजह से तुम पर यह विपत्ति आई है?" ग्रेको ने एक पल ठहरकर दृढ़ शैली में कहा, "तुम्हें अपने संसाधनों के अनुसार जीना सीखना होगा, जैसा हम सब करते हैं। कारीगर के रूप में तुम्हें कम से कम हर सप्ताह निश्चित आमदनी की गारंटी होगी। निश्चित रूप से इससे तुम्हें राहत मिलेगी?" ग्रेको एक बार फिर ठहरा, फिर उसने सैम की तरफ़ हाथ बढ़ाया, "सोमवार की सुबह से तुम जॉन के समूह के साथ काम करोगे, जो मार्कस का मकान बनाने वाला है। मैं उसे फ़ोरमैन में हुए परिवर्तन के बारे में बता दूँगा।"

"ठीक है, ग्रेको। मैं वहाँ पहुँच जाऊँगा।"

...

घर पर सूज़ेट ने सैम के लिए चाय बनाई। फिर वह अँगीठी की आग के सामने गहरे सोच और प्रार्थना में बैठा रहा। उसके सोच-विचार में एक मीठी आवाज़ ने बाधा डाली।

"डैडी, आप इतने दुखी क्यों दिख रहे हैं?"

चार साल की घुँघराले काले बालों वाली बच्ची ने सैम के चेहरे को अपने दोनों छोटे हाथों में भर लिया और उसे अपने गंभीर चेहरे की ओर घुमा लिया।

सैम ने हल्के से मुस्कराने की कोशिश की, "मैं दुखी नहीं हूँ, मैरी। मैं तो ईश्वर से प्रार्थना कर रहा हूँ और सोच रहा हूँ। मुझे लगता है कि मैं समस्या का पता लगाने की कोशिश कर रहा हूँ।"

"क्या मैं आपकी मदद कर सकती हूँ, डैडी?" नन्ही मैरी ने अपना सिर एक तरफ़ करके रुचि लेते हुए कहा।

"नहीं, मेरी छोटी बच्ची। तुम नहीं कर सकतीं।" फिर दूर देखते हुए, जैसे वह ख़ुद से बातें कर रहा हो, सैम ने आगे कहा, "मुझे लगता है कि मेरे अतीत के कामों और नज़रियों का प्रभाव मेरे भविष्य पर पड़ रहा है। दरअसल मैंने ही ख़ुद को काम से दूर कर लिया है।"

"आपने क्या कर लिया है, डैडी?" दो हाथों ने सैम के चेहरे को दोबारा अपनी तरफ़ कर लिया।

सैम ने हाथ थामे, उन्हें चूमा और धीमे से हँसा, "कुछ नहीं, बेटा। मुझे लगता है तुम कह सकती हो कि मुझे जूता मिल गया!" उसने मैरी के गंभीर चेहरे की तरफ़ मुस्कराकर कहा।

मैरी ने अपने पिता की आँखों में झाँका। फिर उसके नन्हे चेहरे पर ज्ञान तथा आशा की चमकती मुस्कराहट फैल गई और वह ख़ुश होकर बोली, "फिर तो आपको मैगोविन से मिलने जाना चाहिए!"

सैम हैरान था। "मैरी... तुमने यह सुझाव क्यों दिया? कितनी मददगार बच्ची है? तुमने यह क्यों कहा कि मुझे मैगोविन से मिलने जाना चाहिए?"

मैरी को गर्व था कि उसने अपने दुखी, इतने बड़े डैडी की मदद

कर दी। वह उसके सामने तनकर खड़ी हुई और बोली, "ताकि आपको दूसरा जूता भी मिल सके!"...

और अगले दिन...

...सैम और मैगोविन अपनी चिर-परिचित दुकान में अखरोट खा रहे थे।

"और मैंने मार्कस से बिना कुछ सोचे बोल दिया था। मैं दरअसल उसका मज़ाक़ उड़ाने लगा था। मैं ऐसा कैसे कर सकता था? मैंने सोचा था कि मेरा हृदय-परिवर्तन हो गया है। इसके बजाय मैं पाता हूँ कि मैं पीछे चला गया हूँ। अब एक साल तक मुझे सामान्य कारीगर के रूप में काम करना होगा। मैगोविन, सिर्फ़ दो दिन पहले मैंने जो ख़ुशी और आत्मविश्वास महसूस किया था, वह अब मुझसे दूर चला गया है। आख़िर क्यों? आख़िर ऐसा क्यों हुआ, जबकि मैंने ईश्वर और आपके नियमों का पालन करने का संकल्प कर लिया है?"

मैगोविन ने बर्तन से कुछ छिलके हटाते हुए कहा, "ये नियम मेरे नहीं हैं।"

"नहीं, आपके नहीं हैं। लेकिन सच्ची समृद्धि के साथ जीना सिखाने वाले इन नियमों का पालन करने के बावज़ूद मैं कहाँ पहुँच गया हूँ? मैंने पूरे दिल से काम किया था। मैंने उसमें अपनी आत्मा झोंक दी थी। मैं सचमुच कृतज्ञ महसूस कर रहा था और इसका परिणाम सिर्फ़ यह हुआ कि मेरी पिछली ग़लतियों की बदौलत मुझ पर यह विपत्ति आ गई? मुझे इस समय बहुत शर्म आ रही है।" सैम की आत्मा निराशा में डूबी थी। "मैं समझ नहीं पा रहा हूँ। मैं समझ नहीं पा रहा हूँ।"

"और... तुम्हें समझने की ज़रूरत है?"

सैम ने मैगोविन को देखा, "हाँ। मुझे समझने की ज़रूरत है। मुझे यह समझने की ज़रूरत है कि जब मैं प्रार्थना कर रहा था और नए रास्ते, ज़िंदगी जीने के नए तरीक़े और नई समृद्धि के लिए ईश्वर को धन्यवाद दे रहा था, तो उसने मेरे साथ यह क्यों होने दिया? इसके बावज़ूद मुझे इतना अपमान क्यों झेलना पड़ा? मैंने अपनी आशा खो दी है, मैगोविन।"

"यह दुखद बात है," बूढ़े मोची ने कहा। "लेकिन मेरे दयालु

मित्र, ये घटनाएँ ही दरअसल यह बताती हैं कि ईश्वर की योजना कैसे काम करती है। तुम्हारा नज़रिया और प्रतिक्रियाएँ ईश्वर के बारे में कम और तुम्हारे बारे में अधिक बताती हैं। तुम अपनी अनुभूतियों पर इतना प्रबल विश्वास कर रहे हो कि तुम ईश्वर पर ग़ुस्सा होने को उचित मानते हो... बहरहाल तुमने ख़ुद कहा था कि तुम्हारे मन में यह चिंता है कि तुम अपनी आस्था को शायद क़ायम नहीं रख पाओगे।"

"आपका क्या मतलब है?"

"क्या तुम्हें याद है, जब हम तुम्हारी गाड़ी में लकड़ियों का ढेर भरकर विधवा युवती के घर तक गए थे? उसके बाद तुमने मुझे जंगल में ईश्वर के साथ हुई चर्चा के बारे में बताया था? तुम उस दिन समृद्ध बनकर लौटे थे, है ना? तुमने दैवी सत्य की बुद्धिमत्ता का दोहन और अनुभव किया था। उस दिन तुम एक अद्भुत विश्वास से भरे थे - एक प्रबल विश्वास से। और तुमने इस नई यात्रा में कई अन्य पलों में वही भावना महसूस की है। और हर बार इससे तुम्हें प्रेरणा मिलती है, है ना? इससे तुम्हें लगना चाहिए कि ईश्वर तुम्हें प्रेम करता है और तुम्हारे ईमानदार सपनों के माध्यम से तुम्हें अपने साथ काम करने को कहता है।"

"मैगोविन, इससे मैं सिर्फ़ इतना ही सोच पाता हूँ कि मैं मूर्ख था।"

"मूर्ख नहीं, सैम। शायद दुविधाग्रस्त। तुम अपने ही विचारों का ग़लत मूल्यांकन कर रहे हो। उस दिन तुमने मुझसे पूछा था कि तुम उस भावना को कैसे बनाए रख सकते हो और तुमने यह भी कहा था कि तुममें कई दोष हैं। क्या तुम्हें वह बात याद है?"

सैम ने आह भरी, "हाँ, याद है।"

"उसका जवाब यह है कि तुम प्रेरणा के उन अद्भुत पलों को सचमुच क़ायम नहीं रख सकते हो।"

"परंतु मैंने सोचा था..."

"हूँ। तुमने सोचा था। तुमने सोचा था कि तुम इस नई आध्यात्मिक राह पर अपने हिसाब से लगातार चलते रहोगे। तुमने सोचा था कि तुम ईश्वर के संपर्क में हमेशा सुरक्षित महसूस कर सकते हो। तुमने सोचा था कि तुम अपनी शर्तों पर बाक़ी सबसे ऊपर उठ सकते हो और अंततः

सांसारिक मोह-माया से मुक्त हो सकते हो। तुमने सोचा था कि दैवी प्रेरणा, उदारता और लोगों के प्रति प्रेम पर आधारित नई ज़िंदगी बनाकर तुम अतीत के हर काम के परिणाम से बच सकते हो।"

"मैं समझ नहीं पा रहा हूँ। आपने कहा था कि अगर मैं इन नियमों का पालन करूँगा -"

"हाँ। और तुमने किया है, सैम। और ईश्वर ने तुम्हें पुरस्कार में तुम्हारे सपने को साकार करने के लिए आदर्श परिस्थितियाँ दी हैं।"

"नहीं, उसने नहीं दी हैं!"

"यह *तुम* सोचते हो या ईश्वर सोचता है?"

"मैगोविन! मैं कैसे जान सकता हूँ कि ईश्वर क्या सोचता है?"

"मुझे बहुत ख़ुशी है कि तुमने यह पूछ लिया!" मैगोविन पीछे टिका और मुस्कराया। "हम कभी पूरी तरह नहीं जान सकते कि ईश्वर क्या सोचता है, परंतु हम उसकी दी गई सीख का विश्लेषण कर सकते हैं, हम उसकी शिक्षा के अनुरूप जीने वाले लोगों से सीख सकते हैं और हम उसकी बुद्धिमत्ता के अनुरूप अपने विचारों को आकार देने की कोशिश कर सकते हैं, ताकि हम उसी तरह सोचने लगें, जिस तरह वह सोचता है। ईश्वर क्या सोचता है, यह तुम सिर्फ़ तभी जान पाओगे, जब तुम ज़िंदगी का अनुभव करते समय अपनी आत्मा, अपने दिल, अपनी आँखों, अपने कानों और" - मैगोविन ने अपना सिर थपथपाया - "और अपने दिमाग़ को खुला रखोगे।"

"मेरे पास एक ऐसा दिमाग़ होना चाहिए, जो सपनों के साकार होने की राह में आने वाले इस संकट को झेल ले?"

"यह *तुम्हारी* अनुभूति है। *तुम्हारी* वास्तविकता। अपनी स्थिति का इस तरह विश्लेषण करने का विकल्प *तुम* चुन रहे हो। बहरहाल, मेरी अनुभूति, वास्तविकता और विचार तुम्हारी तरह नहीं हैं।"

"ऐसा इसलिए है क्योंकि आपको यह अपमान नहीं झेलना पड़ा है।"

मैगोविन आगे झुककर धीमे से बोला, "मैंने भी बहुत से कष्ट झेले हैं। मैंने ऐसी पीड़ा झेली हैं, जो मैं नहीं चाहूँगा कि कोई दूसरा झेले।

तुमने तो फ़ोरमैन का पद खोया है। मैंने तो अपनी सारा को खो दिया था - जो बहुत मनमोहक महिला थी, जिसकी हँसी घुँघरुओं की तरह थी, जो पाककला में पारंगत थी और जिसके दिल में विश्वास था। तीन साल तक मेरे मन में ईश्वर की दिखाई राह पर चलने की इच्छा ही नहीं बची थी। तीन साल तक मैं झूठी वास्तविकता में गोते खाता रहा था। अपनी प्रिय पत्नी के विश्वास के बिना मैं उस अंधकारपूर्ण दौर से कभी बाहर नहीं निकल पाया होता। वह अपने पीछे जो छोड़ गई, उसने मुझे दोबारा उबारा और आशा प्रदान की। असमंजस की स्थिति में तुम अकेले ही नहीं हो।" मैगोविन की आँखें आँसुओं से नम हो गई थीं, लेकिन उनमें दृढ़ता की झलक थी। दोनों काफ़ी देर तक ख़ामोश बैठे रहे।

मैगोविन ने आगे कहा, "मेरी अनुभूति तुमसे इसलिए भिन्न नहीं है सैम, क्योंकि मैं तुमसे ज़्यादा पवित्र हूँ या ईश्वर मुझसे ज़्यादा प्रेम करता है। ऐसा इसलिए है क्योंकि मैंने उसके माध्यम से जीने में कई साल लगा दिए हैं। मैंने ईश्वर को अपने विचारों, आदतों, नज़रियों में ढाल लिया है। मेरी वास्तविकता अब उस बात को स्वीकार करती है, जिसे मैं कभी संकट कहा करता था। अब मैं पूछता हूँ, "मैं इससे क्या सीखूँगा?" मुझमें आस्था है, सैम। और इस आस्था के पुरस्कार में मुझे ज़्यादा समझ का चमत्कारी एहसास मिला है। यह एहसास प्रेरणा के उस रोमांचक प्रवाह से ज़्यादा संतुष्टिदायक है, जिसे मैं तब महसूस करता हूँ जब मैं दैवी प्रेरणा के क्षणों में घुटनों के बल बैठता हूँ। तुम जानते हो कि उन पलों से मेरा क्या मतलब है?"

सैम ग़ौर से सुन रहा था, "हाँ। ऐसे पल, जब सब कुछ स्पष्ट दिखता है। जब सत्य आपके समूचे अस्तित्व में भर जाता है। परंतु अब मुझे इस तरह का कोई एहसास नहीं होता है।"

"चिंता मत करो। ये पल भविष्य में तुम पर कृपा करते रहेंगे," मैगोविन मुस्कराया। "ईश्वर जानता है कि हमें उनकी कितनी ज़रूरत है और वे हमें कितना प्रेरित कर सकते हैं। परंतु वह यह भी जानता है कि वे हमें लगातार शक्ति नहीं दे सकते। वह यह बात बहुत अच्छी तरह जानता है।"

"परंतु वह इस समय कहाँ है? हालाँकि मैं उसके नियमों का पालन कर रहा हूँ और उसकी मदद माँग रहा हूँ, परंतु ऐसा लगता है जैसे उसने मेरा साथ छोड़ दिया है।"

"परंतु तुमने अभी पाँचवें नियम का अनुसरण नहीं किया है।"

"पाँचवाँ? पहले चार नियमों के बाद मैं बाक़ी नियम सीखने में असफल रहा हूँ!"

"नहीं, तुम असफल नहीं हुए। यह तो सिर्फ़ *तुम्हारी* सोच है : *तुम्हारा* नज़रिया, आवाज़, मानसिकता है। *मैं* इसे ज़्यादा स्पष्टता से देख सकता हूँ।"

सैम ने ऊपर देखा और अपने हृदय को सख़्त कर लिया। उसे लग रहा था कि अब उसे हर चीज़ में "सर्वश्रेष्ठ पहलू देखने" की आवश्यकता पर भाषण सुनने को मिलेगा। परंतु मैगोविन की समझदारी और समझ भरी आँखों ने उसे राहत दी। सैम ने पूछा, "आप क्या देख सकते हैं?"

"मैं यह देख रहा हूँ कि आख़िरी मकान पर तुमने जो बेहतरीन काम किया था, उसकी वजह से तुम्हें गिल्ड से बाहर नहीं निकाला गया। मैं यह देख रहा हूँ कि तुम्हें वह सब मिल गया है, जिसके लिए तुमने प्रार्थना की थी।"

"नहीं। सब नहीं।"

"हाँ, सब कुछ। तुम अब भी इमारत बनाने के व्यवसाय में हो, और यह तुम्हारा सपना है, है ना? तुम अब भी अपने काम के द्वारा दूसरों को प्रेम कर रहे हो? और सबसे बढ़िया हिस्सा यह है कि एक साल तक तुम बजट बना सकते हो और समझदारीपूर्ण आर्थिक योजना बना सकते हो, क्योंकि तुम जानते हो कि तुम्हारी स्थायी मासिक आमदनी कितनी होगी।"

"फ़ोरमैन के रूप में मैं ज़्यादा कमा सकता हूँ...।"

"तुम कुछ समय से तो ज़्यादा नहीं कमा रहे थे।"

"लेकिन मैं ज़्यादा कमा लूँगा – मैं दोबारा ऐसा कर सकता हूँ।"

"और एक बार फिर लोभ तथा चिंता की उन्हीं आदतों की ओर

चले जाओगे?"

"नहीं! मैं नहीं जाऊँगा। मैं बदल गया हूँ!"

"अगर तुम बदल गए हो, तो इससे तुम इतने विचलित क्यों होते हो?"

"आप समझते नहीं हैं।"

मैगोविन की आवाज़ सख़्त हो गई, "मैं *सब* समझता हूँ। तुम इस कारण दुखी हो क्योंकि तुम्हारा फ़ोरमैन का पद छिन गया है। शायद इसलिए, क्योंकि तुम्हारी शक्ति छिन गई है। अगर तुम्हें ख़ुशी प्रतिष्ठित पद से मिलती है, तो तुम कभी सच्ची सफलता, स्वतंत्रता और समृद्धि हासिल नहीं कर पाओगे। जब तक तुम अपने महत्व के लिए किसी पद पर निर्भर हो, तब तक तुम्हारी स्थिति अच्छी नहीं है और तुम भौतिक संग्रह पर ही निर्भर हो। तुम्हारा दिल जानता है कि मेरे शब्द सच हैं।"

सैम ने मैगोविन को देखा और अपने मन में जवाब खोजने की कोशिश की। परंतु उसे कोई जवाब नहीं मिला। मैगोविन की बात सच थी।

बहुत धीमे और नम्रता से मैगोविन ने आगे कहा, "तुम्हें सज़ा नहीं मिल रही है। तुम सोचते हो कि ईश्वर तुम्हें परिणामों से बचा सकता है, परंतु तुम जितना सोचते हो, तुम्हारे भीतर उससे ज़्यादा रचनात्मक शक्ति है। यह हम सबके पास होती है। और तुम जिस हाल में हो, वह तुम्हारे ही कार्यों का परिणाम है। दुखद बात यह है कि इसे तुमने तब उत्पन्न किया था, जब तुमने अपनी राह नहीं बदली थी, लेकिन" - मैगोविन ने अपने कंधे उचकाए - "बात यही है, इसलिए... आगे बढ़ते रहो।

"तुमने उन लोगों के लिए एक सुंदर नया घर बनाने में मदद की है, जिन्हें प्रेम की ज़रूरत थी और तुमने सूज़ेट के साथ बहुत क़रीबी संबंध बना लिया है। यह अच्छी बात है। आगे बढ़ते रहो।

"तुमने दान देने में ख़ुशी महसूस की है। तुमने वह ऊर्जा महसूस की है, जो ख़ुद से तथा दूसरों से प्रेम करने से मिलती है। यह भी ईश्वर की योजना का हिस्सा है। यह अच्छा है। तुम्हारे पास आगे बढ़ने के लिए बहुत कुछ है। और तुम्हारे पास अब एक बहुत अद्‌भुत चीज़ है। क्योंकि अंतरात्मा में तुम समझ के लिए प्रबलता से प्रार्थना कर रहे हो।"

सैम ने विनम्रता से फुसफुसाकर पूछा, "क्या मैं कर रहा हूँ?"

"यह निराशा की खाई। ईश्वर के साथ यह कुंठा दरअसल दिल से निकली प्रार्थना है, जो स्वर्ग के गलियारों में गूँज रही है।" मैगोविन ने सैम को आँख मारी। "तुम कह रहे हो, 'मुझे बताओ ऐसा क्यों हुआ।' और वह बताएगा, सैम। वह ज़रूर बताएगा। तुम आगे बढ़कर पाँचवें नियम पर पहुँच गए हो।"

"कैसे? मुझे तो ऐसा महसूस होता है, जैसे मैं पीछे लौट गया हूँ।"

"कई बार ऐसा भी महसूस होता है। कई बार परिवर्तन से पहले – जब हम जानते हैं कि हमारी पुरानी आदतें और पुरानी जीवनशैली या चिंतन की शैली हमारे लिए काम नहीं करेगी – हम डर और क्रोध महसूस करते हैं। परंतु इसी मोड़ पर विकास भी होने वाला होता है। अब तुम्हारे सामने यह अवसर है कि तुम एक बिलकुल नए तरीक़े से सोचो। अब तुम्हारे सामने यह अवसर है कि तुम यह डर निकाल दो कि लोग तुम्हें एक कारीगर के रूप में देखेंगे और सोचेंगे, 'एक बार लकड़हारा, हमेशा लकड़हारा–'"

सैम पीला पड़ गया और उसकी आँखों में आँसू आ गए, "आह, मैगोविन। आप यह बात कैसे जानते हैं? मैं इसे बर्दाश्त नहीं कर सकता।"

"क्योंकि मेरे दिल में तुम्हारे लिए प्रेम है और मैं तुम्हें ईश्वर की आँखों से देखता हूँ। और मुझे पूरा विश्वास है कि तुम ईश्वर की आँखों से स्थिति को देख पाओगे। तुम दरअसल यही चाहते हो : समझे, सैम। पाँचवाँ नियम है समझ का नियम। अपने डरों को समझो और यह भी कि तुम्हें पीछे कौन रोक रहा है। हो सकता है तुम ईश्वर की बुद्धिमत्ता में विश्वास करते हो, प्राथमिकता निर्धारित करते हो, लोगों से प्रेम करते हो और उदार हो... परंतु जब तक तुम्हारी सच्ची परीक्षा नहीं होगी, तब तक तुम यह कभी नहीं समझ सकते कि तुम्हारे नज़रिये, विचार और मानसिकता ईश्वर से इतने ज़्यादा भिन्न हो सकते हैं। यह अक्सर एक निराशाजनक सदमे के रूप में सामने आता है। यह मेरे परिचित कई धार्मिक लोगों के साथ भी होता है। इसलिए ख़ुद पर ज़्यादा कठोर मत

रहो। यह समझ का नियम थोड़ा डरावना है। यह सिखाता है कि सफल जीवन का लक्ष्य उस राह पर बने रहना है, जो उसी तरह सोचना, प्रेम करना और देखना चाहती है, जिस तरह से ईश्वर सोचता, प्रेम करता और देखता है। हमेशा बढ़ती हुई समझ द्वारा आस्थावान व्यक्ति को अद्‌भुत आश्चर्य और अधिकाधिक प्रचुरता का अनुभव होता है।"

"परंतु इसमें तो... पूरा जीवन लग जाएगा।"

"बिलकुल।"

"यह तो साधु-संतों की राह है।"

मैगोविन ने हँसते हुए कहा, "मुझे यह बात पसंद आई!"

"मेरा मतलब है, यह तो एक ऐसी राह है, जिस पर कोई सांसारिक अमीरी नहीं है, जिस पर धन की इच्छा तक नहीं है। मैं एक कारीगर बनकर रह लूँगा, परंतु मैं पादरी राइट की तरह नहीं हूँ, जो पढ़ने और प्रार्थना करने में दिन गुज़ार सकूँ। मेरे बाल-बच्चे हैं, मेरा परिवार है। मैं - मैं इस नियम को पसंद करता हूँ, लेकिन निश्चित रूप से मेरे जैसा आदमी..."

"तुम्हारे जैसा आदमी भी ईश्वर को उतना ही प्रिय है, जितना कि कोई अन्य आदमी - वह चाहता है कि तुम उसे समझ लो। तुम्हें सिर्फ़ शुरू करने की ज़रूरत है, बाक़ी का काम वह कर देगा। वह तुम्हारे लिए शिक्षा और प्रेरणा के पलों की व्यवस्था कर देगा। तुम्हारा काम उसके विचारों को स्पष्टता से समझना है। फिर तुम्हें बदलना है : उस तरह से सोचना है, जिस तरह वह सोचता है - धीरे-धीरे।" मैगोविन कुछ देर ठहरकर सोचता रहा और फिर उत्साह से बोला, "तुम सचमुच सौभाग्यशाली हो, क्योंकि इस आजीवन समझ के नियम की तरफ़ जो पहला क़दम तुम उठाओगे, वह बिलकुल स्पष्ट है!"

"क्या ?"

"हाँ! तुम पढ़ना सीखोगे।" मैगोविन ने अपना हाथ उठाया, जब सैम विरोध करने लगा। "तुम भूल जाते हो कि मैं तुम्हारे विचारों को अच्छी तरह जानता हूँ। चाहे तुम कुछ भी कहो, मैं जानता हूँ कि तुमने पढ़ना क्यों नहीं सीखा। तुम सोचते थे कि तुम मूर्ख लकड़हारे लगोगे।

तुम सोचते थे कि तुम असफल हो जाओगे। असफल होने से तो अनपढ़ बने रहना ही अच्छा है! हूँ... परंतु शांति में धर्मग्रंथ पर चिंतन करने के लिए तुम्हें पढ़ना सीखना होगा। इसलिए... अब यह काम शुरू कर दो। पादरी राइट तुम्हें सिखा देंगे। वे तुम्हें उस महान लेखन की ओर ले जाएँगे, जिसे दैवी मस्तिष्क ने प्रेरित किया है। अब तुम्हारे सामने एक नए संसार का द्वार खुलने वाला है, सैम। तुम एक अद्‌भुत संसार में पहुँच जाओगे और तुम ज़्यादा समझ हासिल करना चाहोगे। इसके अलावा पादरी राइट तुम्हें छठे नियम की दिशा भी दिखाएँगे।"

"पादरी राइट? छठा नियम क्या है?"

"छठा नियम बताता है कि हर व्यक्ति को व्यक्तिगत तथा आर्थिक प्रबंधन की योजना बनाना चाहिए और लक्ष्य निर्धारित करना चाहिए।"

सैम हैरान रह गया, "पर मैगोविन, मैं मानता हूँ कि पादरी राइट मुझे आध्यात्मिक मामलों में तो काफ़ी कुछ सिखा सकते हैं, लेकिन धन के बारे में वे कैसे सिखा सकते हैं? जिस आदमी के पास इतना कम धन है, वह मुझे आर्थिक प्रबंधन के बारे में क्या सिखा सकता है?"

"अच्छा सवाल है! तुमने एक और मामला खोज लिया है, जिसमें तुम्हें समझ की आवश्यकता है!"

सैम ने आह भरी, "यह साल बहुत लंबा है।"

"आह, इससे मुझे याद आया!" मैगोविन अपनी कुर्सी से कूदा और किसी किशोर जितनी फ़ुर्ती से अपनी दुकान के कोने में गया। "विधवा विलियम्स के अनुसार यह साल ठंडा और नम होगा - और मैं तुम्हें बता दूँ कि मुझे मिसेज़ विलियम्स की बातें बहुत समझदारीपूर्ण लगती हैं! इसलिए!" मैगोविन ने उसे चमड़े के नए जूते थमा दिए, जिन्हें बेहतरीन तरीक़े से सिला गया था और जिन पर ताज़ा तेल लगाया गया था। "ये तुम्हारे लिए हैं - पिछले महीने मेरी मदद करने के बदले में। आगे ऐसे दिन आएँगे, जब तुम्हें नमी में काम करना पड़ेगा। ये जूते तुम्हारे पैरों को गर्म और सूखा रखेंगे!" मैगोविन ठहरा और हैरान होते हुए कहा, "तुम हँस क्यों रहे हो?"

सैम ने हँसते हुए कहा, "क्योंकि - क्योंकि आपने सही कहा था,

मैगोविन। हालाँकि मुझे अभी बहुत कुछ समझना है, लेकिन अगर चार साल की बच्ची मुझे सिखा सकती है, तो मेरे लिए अब भी आशा बाक़ी है। अब भी आशा बाक़ी है।”

11
स्वतंत्रता

अगला सप्ताह सचमुच ठंडा और नम था। हर दिन सैम अपने नए मज़बूत जूते पहनकर मार्कस के बन रहे मकान तक जाता था और जॉन द एल्डर के नेतृत्व में काम करता था। हर दिन सैम सहित सभी कारीगर सोचते थे कि कहीं ख़राब मौसम के कारण काम बंद न हो जाए और उन्हें घर न लौटना पड़े। लेकिन जॉन द एल्डर ने उन्हें कभी घर नहीं लौटने दिया।

जॉन इतना सकारात्मक था कि बारिश और कीचड़ भरे दिन को भी रचनात्मक अवसर में बदल देता था। हर सुबह वह अपने समूह से कहता था कि मौसम के कारण लकड़ी का ज़्यादा काम नहीं हो पाएगा, परंतु इससे उनका काम नहीं रुकना चाहिए। "हम बारिश के दौरान दो समूहों में बँट जाते हैं। एक समूह पुराने मलबे से पत्थर इकट्ठे करेगा, ताकि चिमनी या दीवार बनाने में उनका उपयोग हो सके। दूसरा समूह बगीचे वाली जगह से चट्टानें खोदेगा, क्यारियाँ बनाएगा और उनके आस-पास पत्थर जमा देगा, ताकि मिट्टी पानी में बहकर बाहर न निकल पाए। अगर बारिश होती रहती है, तो हमें यह पता चल जाएगा कि बारिश का पानी कहाँ बहता है और हम पानी बाहर निकालने का रास्ता बना देंगे, ताकि बगीचे में ज़रूरत से ज़्यादा पानी इकट्ठा न हो।

बीच-बीच में जब आसमान साफ़ होगा, तो हम मकान बनाने का काम करेंगे। लेकिन बारिश के दौरान भी हम बहुत से काम कर सकते हैं!"

बगीचा बनाते-बनाते जब तीन दिन हो गए, तो एक कारीगर जॉन से बोला, "मैं तीन दिन से एक बात सोच रहा हूँ। क्या हमें बगीचा बनाने का ठेका दिया गया है? हम लोग बगीचा नहीं बनाते हैं, हम तो मकान बनाते हैं।"

जॉन ने उत्साह से कहा, "हम सिर्फ़ मकान नहीं बनाते हैं। हम घर और सपने बनाते हैं। हम जानते हैं कि मार्कस की पत्नी बगीचा लगाना चाहती है, है ना? हम जानते हैं कि घर में एक अँगीठी और एक चिमनी होगी, है ना? हम यह भी जानते हैं कि अगर हम काम नहीं करेंगे, तो हमारी प्रगति रुक जाएगी - और हमारी मज़दूरी भी! इसलिए हम पत्थरों को खोदकर और इकट्ठा करके चिमनी में लगने वाली ईंटों का पैसा बचा रहे हैं। हम जानते हैं कि हम जो क्यारियाँ तैयार कर रहे हैं, उनमें सब्ज़ियाँ उगेंगी, जिन्हें हम बाद में ख़रीदकर उनका उपभोग कर सकते हैं! इसके अलावा हम जानते हैं कि इससे हमारे ग्राहकों को आनंद मिलेगा! तो फिर हम हाथ पर हाथ धरकर क्यों बैठे रहें और इन अवसरों को क्यों छोड़ें?"

सैम ने सहमति में सिर हिलाया। ग्रेको ने सही कहा था। जॉन नाम का यह फ़ोरमैन अपने काम से सचमुच प्रेम करता था और उसके निर्देश सैम के लिए बहुमूल्य तथा प्रेरक थे। नए जूतों, "नए" पद और नए जोश के साथ सैम ख़राब मौसम में भी मेहनत करता रहा। कुछ समय में ही मार्कस के मकान का बगीचा बेहद सुंदर बन गया।

दो सप्ताह में बगीचा पूरा हो चुका था, नींव तैयार हो गई थी और लकड़ी कट चुकी थी। मार्कस और उसकी पत्नी ने जब अद्भुत क्यारियों और बगीचे को देखा, तो उनकी आँखों में ख़ुशी के आँसू भर आए। मार्कस ने धीमे से पूछा, "जॉन, क्या हमें इस काम के लिए अलग से पैसे देना पड़ेंगे? हमारे पास इसके लिए पैसे -"

"नहीं। आपको अलग से पैसे नहीं देना पड़ेंगे, मार्कस। हमने ईंटें न मँगाकर थोड़ी बचत कर ली है। मैं आशा करता हूँ कि पत्थर की

अँगीठी और चिमनी उपयुक्त रहेगी...।"

"हाँ। बिलकुल!" मार्कस ने जवाब दिया।

"तो फिर बहुत बढ़िया। अगले साल हमें बस सब्ज़ियों और फलों का पुरस्कार दे देना!" जॉन मुस्कराया और फिर से अपने काम में जुट गया।

...

उस शाम को सैम सूज़ेट के सामने बैठा। उसकी दो सप्ताह की मज़दूरी मेज़ पर रखी थी। "मैं हर पखवाड़े इतना ही पैसा लेकर आऊँगा। यह ज़्यादा नहीं है..."

"यह पर्याप्त है," सूज़ेट ने जवाब दिया। "हम इतने पैसे में आराम से ख़र्च चला सकते हैं, क्योंकि मेरी आमदनी भी तो है।"

"और हमारा दान..."

"ज़ाहिर है। हम हमेशा दान देंगे।"

"तब तो हमें इस बात की ज़रूरत होगी..." सैम ठहर गया।

सूज़ेट ने सैम के हाथ पर हाथ रखते हुए कहा, "हमें अब अपने सपनों का छोटा सा बेहतरीन घर जल्दी ही मिल जाएगा। बाज़ार के चौराहे वाला वह घर, जो मुझे हमेशा से बहुत पसंद था - तुम्हें पता है ना, जिसमें सामने की तरफ़ एक बड़ी सी खिड़की है। वह घर जल्दी ही बिकने वाला है। सैम, हम अपने इस बड़े मकान को बेच देंगे और उस सुंदर घर में सुखी रहेंगे। मैं मन ही मन यह तस्वीर देख रही हूँ कि हम वहाँ रह रहे हैं। मेरा हमेशा से यह सपना था कि हम शहर के बीच में रहें, जहाँ से गुज़रने पर लोग खिड़की से मेरी बनाई गूज़बेरी पाई की ख़ुशबू ले सकें।"

"और तुम्हारे बनाए पर्दों, कपड़ों और पोशाकों को भी देख सकें," सैम ने प्रेमपूर्ण मुस्कान के साथ कहा।

सूज़ेट भी मुस्कराई, "वह मकान हमारे लिए आदर्श रहेगा।"

"वह मकान बिकने वाला है? विधवा विलियम्स? कहीं वह बीमार तो नहीं है?"

"बिलकुल नहीं! वह दोबारा शादी करने वाली है! मैगोविन ने

उसके सामने शादी का प्रस्ताव रखा है। क्या यह अद्‌भुत नहीं है?"

इस ख़बर से सैम को हैरानी तो हुई, परंतु उसने इसे शांति के साथ सुना। अपने महँगे मकान को छोड़ने के विचार से सूज़ेट दुखी नहीं थी। इसके बजाय वह आशा और रोमांच से भरी थी। यह देखकर सैम को भी शांति और ख़ुशी महसूस हुई और उसे ऐसा लगा, जैसे उसे अपनी प्रार्थना का परिणाम मिल रहा है।

"यह बहुत अच्छी ख़बर है। बहुत ही अच्छी ख़बर। और वह मकान सुंदर भी है। मैं कल ही पादरी राइट को दान देने के बाद ज्यॉफ़्री से इस मकान को बेचने के बारे में बात करूँगा," सैम ने जवाब दिया।

...

"मैं चर्च के लिए अपना योगदान लाया हूँ, पादरी राइट," सैम ने उन्हें सिक्कों की एक छोटी थैली देते हुए कहा। "सूज़ेट ने मुझे बताया है कि आपका स्कूल अच्छी तरह से चल रहा है।"

"ईश्वर तुम पर कृपा करे! धन्यवाद! अंदर आ जाओ। अंदर आ जाओ, सैम। ये बटर वाले बिस्किट खाओ!" पादरी राइट उसे एक छोटे अध्ययन कक्ष में ले गए, जहाँ पुस्तकें दीवार पर क़तार में लगी थीं। इस कमरे में प्राचीन ज्ञान, प्रेरक विचारों तथा कहानियों का भंडार था और पुरानी बाइंडिंग व पीले काग़ज़ों की ख़ुशबू भरी थी।

"तुम्हारे परिवार ने इस चर्च और समाज के लिए काफ़ी योगदान दिया है, सैम। सूज़ेट छोटे बच्चों को पढ़ा रही है और मैं बड़े बच्चों को। तुम्हारी बेटी मार्था सबसे छोटे बच्चों को पढ़ाती है - वह भी बड़ों जैसा ही पढ़ाती है। तुम्हारा दान बहुत मूल्यवान है। हम पर ईश्वर की बहुत कृपा है। हमने डेस्क ख़रीद ली हैं और पुस्तकें भी।"

"इतनी सारी चीज़ें?" सैम को सुखद हैरानी हुई।

पादरी राइट मुस्कराए, "मैं बहुत सावधानी से बजट बनाता हूँ। इसके अलावा, मैं सस्ता सामान ख़रीदने में बहुत निपुण हूँ। इसके अलावा मेरे पास कोई रास्ता भी नहीं है! परंतु यह बिस्किट तो चखो।"

सैम ज़ायक़ेदार बटर वाले बिस्किट का आनंद लेते हुए वहाँ बैठा रहा। उसके चारों तरफ़ बहुत सी पुस्तकें रखी थीं। उन पुस्तकों में सदियों

पुराना ज्ञान और नए विचार थे, उनमें ढेर सारी जानकारी और इतिहास था, उनमें दर्शनशास्त्र और कविता थी। सैम को लगा कि अब अपने दिल के सपने को बताने का समय आ गया है।

सैम ने कहा, "मैं सोच रहा था, पादरी महोदय... मैं सोच रहा था कि क्या आप मुझे यह सिखाएँगे कि किस तरह –"

"आर्थिक योजना बनाई जाए?" पादरी राइट ने तत्काल कहा।

यह सुनकर सैम भौंचक्का रह गया, "नहीं... माफ़ कीजिए? आपने ऐसा क्यों सोचा?"

"मैं बहुत से दंपतियों और अविवाहितों को दृढ़ आर्थिक नियोजन तथा धन का प्रबंधन सिखाता हूँ। यह मेरे काम का हिस्सा है।"

"आपका काम?"

"निश्चित रूप से! मेरे इलाक़े के हर व्यक्ति का आध्यात्मिक कल्याण मेरी सबसे बड़ी चिंता है। और मैं जानता हूँ कि ग़रीबी, आर्थिक प्राथमिकताओं के अभाव तथा योजना की कमी से लोग बहुत दुखी होते हैं और उनके जीवनमूल्य खो जाते हैं।"

"तो आप आर्थिक प्रबंधन सिखाते हैं?"

"हाँ! यह अनिवार्य है, क्या तुम्हें नहीं लगता?"

"हाँ, लेकिन *आप* इस बारे में क्या जानते हैं... मेरा मतलब है, लोगों को यह यक़ीन कैसे होता है कि आप – जो इतनी कम आमदनी पर गुज़ारा करते हैं – आर्थिक मामलों पर सलाह दे सकते हैं?"

"क्या इस काम के लिए मुझसे बेहतर और कोई आदमी हो सकता है? मैं अपने सीमित संसाधनों के भीतर ख़ुशी-ख़ुशी गुज़ारा करता हूँ, क्या यही इस बात का प्रमाण नहीं है कि ऐसा किया जा सकता है। हाँ, यह निश्चित रूप से किया जा सकता है। और अगर तुम्हें यह लगता हो कि पादरी बनने के कारण मैं आर्थिक रूप से अनुशासित, संतुष्ट और उदार हूँ, तो मैं तुम्हें बता दूँ कि दरअसल इसका उलटा ज़्यादा सच है। आर्थिक अनुशासन, संतुष्टि और उदारता की भावना के कारण ही मैं इस पद पर पहुँचा हूँ।"

सैम सुनता रहा और पादरी को एक नई रोशनी में देखने लगा।

"क्या तुम जानते हो कि मैं बच्चों को पढ़ना क्यों सिखाना चाहता हूँ?" पादरी ने आगे कहा। "ताकि उन्हें ज़्यादा ख़ुशी मिले और ईश्वर के शब्द पढ़ने के बाद वे ईश्वर के ज़्यादा नज़दीक पहुँच जाएँ। क्या तुम जानते हो कि मैं लोगों को बजट और योजना बनाना क्यों सिखाता हूँ? ताकि वे कर्ज़, लोभ और आर्थिक परेशानी से मुक्त होकर अपना जीवन-यापन कर सकें। ताकि वे ज़्यादा ख़ुश रह सकें और ख़ुद को ईश्वर के ज़्यादा क़रीब महसूस कर सकें। अगर मेरे इलाक़े का आदमी ग़रीब है, परंतु उसे अपने काम में सच्ची ख़ुशी मिलती है, तब भी उसे बजट बनाना होगा, दान देना होगा और बचत करना होगी। हो सकता है वह भौतिक दृष्टि से ग़रीब हो, परंतु वह दिल से अमीर होगा। इसी तरह मेरे इलाक़े के अमीर लोगों को भी आर्थिक नियोजन करना होगा। कई बार तो दौलतमंद व्यक्ति को शिक्षा की सबसे ज़्यादा ज़रूरत होती है, क्योंकि उसका धन एक ज़िम्मेदारी होता है और वह आसानी से उसकी जंज़ीरों में बँध सकता है। परंतु वह भी ईश्वर के दिखाए रास्ते पर चलकर स्वतंत्र महसूस कर सकता है।"

"आप सही हैं। ज़ाहिर है आप सही हैं, परंतु मुझे कभी नहीं लगा कि यह आपके... आपके..."

"काम का हिस्सा है।"

सैम पादरी राइट की आँखों की गंभीरता से प्रभावित हुआ, "हम ख़ुशक़िस्मत हैं कि आप हमारे शहर में हैं, पादरी राइट।"

पादरी राइट पीछे झुके, "मैं जानता हूँ कि तुम जॉन द एल्डर के समूह में काम करने लगे हो, इसलिए मैंने सोचा कि शायद तुम्हें धन संबंधी मामलों में थोड़ी सलाह की ज़रूरत हो।" पादरी राइट ने सैम की आँखों में झाँका। "थोड़ी योजना और तैयारी संबंधी मार्गदर्शन की। यह बहुत स्वाभाविक है।"

सैम को महसूस हुआ, जैसे एक ठंडी साँस उसके मस्तिष्क और शरीर में अंदर-बाहर जा रही थी, "मुझे आपके मार्गदर्शन की ज़रूरत है, पादरी राइट। लेकिन इसलिए नहीं, क्योंकि हमारी हालत बहुत ख़स्ता है।

बल्कि सूज़ेट और मैं तो आनंद की राह पर चल रहे हैं। हम पहले ही यह फ़ैसला कर चुके हैं कि हम अपना बड़ा मकान बेच देंगे, इसलिए हम पर आर्थिक बोझ नहीं रहेगा। मैं अपने काम के प्रति संकल्पवान हूँ, चाहे मेरा पद कोई भी हो। सूज़ेट भी अपने काम के प्रति समर्पित है। हम अपने बच्चों के प्रति समर्पित हैं। और हम ईश्वर के प्रति समर्पित हैं, जो हमारी शक्ति का स्रोत है। दान देने में हमें बहुत ख़ुशी मिलती है। हम अपने धन का समझदारी से प्रयोग करेंगे और वे ग़लतियाँ नहीं करेंगे, जो हमने पहले की थीं - यानी जो मैंने पहले की थीं। मैंने मूर्खतापूर्ण निवेश कर दिए थे और बहुत सा सामान उधार ख़रीद लिया था। मैं इमारत के बजट पर तो बहुत अच्छी तरह से चल सकता हूँ, लेकिन..."

"लेकिन जब अपने ख़ुद के धन की बात आती है, तो तुम्हारे पास उसके लिए अल्पकालीन या दीर्घकालीन लक्ष्य और योजनाएँ नहीं हैं?"

"नहीं। सचमुच नहीं हैं। और मैं जानता हूँ कि मुझे ऐसा करना चाहिए - हमें ऐसा करना चाहिए - परंतु..."

"तुम्हें ऐसा *क्यों* करना चाहिए?"

"आपका क्या मतलब है?"

"तुम्हें क्यों लगता है कि तुम्हें आर्थिक तैयारी और नियोजन का अध्ययन व अभ्यास करना चाहिए।"

"ताकि मैं अपने संसाधनों या आमदनी के भीतर जीवन बिता सकूँ और कर्ज़ से बच सकूँ।"

पादरी राइट ने अपने चेहरे को भींचते हुए कहा, "कितना छोटा कारण है! निश्चित रूप से इससे कोई ज़्यादा रोमांचक कारण होना चाहिए!"

"पादरी राइट! आप मुझे दुविधा में डाल रहे हैं, जिस तरह मैगोविन डालता है!"

"मैगोविन! वह मुझसे कुछ दिनों पहले मिलने आया था!"

"अपनी शादी के बारे में आपसे बात करने के लिए?" सैम ने मुस्कराते हुए पूछा।

"इस शहर में कोई बात गोपनीय रह ही नहीं सकती। हाँ! वह दोबारा शादी करने वाला है! कितनी ख़ुशी की बात है। उसे सब लोग चाहते हैं... वह एक ख़ास मोची है। हम बहुत ख़ुशक़िस्मत हैं कि वह हमारे जूते बनाता है!"

"ज़ाहिर है! वह बहुत अच्छा आदमी है" - सैम मुस्कराया- "और उदार भी।"

"बिलकुल! मैगोविन अपने संसाधनों से बहुत कम में जीने की कोशिश करता है, इसीलिए मोची होने के बावज़ूद उसका आसानी से गुज़ारा हो जाता है और उसके पास इतना समय रहता है कि वह ज़रूरतमंदों की मदद कर सके और लोगों को सलाह दे सके। दृढ़ आर्थिक योजना और बजट के बिना यह कभी संभव नहीं हो सकता था। क्या तुम यह बात जानते हो?"

"मैंने उसकी आर्थिक स्थिति के बारे में कभी पूछताछ नहीं की, पादरी राइट।"

"मेरा मतलब यह है : क्या तुम जानते हो कि दृढ़ आर्थिक तैयारी के बिना तुम अपने सपनों को स्वतंत्रता के साथ - ज़िम्मेदारी के साथ और पूरी तरह से - नहीं जी सकते?"

"हाँ, मैं जानता हूँ। यही तो मैंने पहले कहा था, है ना?"

"नहीं। तुमने कहा था कि तुम आर्थिक तैयारी इसलिए करना चाहते हो, ताकि तुम अपने संसाधनों या आमदनी के भीतर रह सको और कर्ज़ से बच सको।"

सैम एक बार फिर ख़ामोश हो गया। फिर उसने धीरे-धीरे कहा, "मैं जानता हूँ कि आप क्या कह रहे हैं। आप कह रहे हैं कि अपने संसाधनों के भीतर जीना और कर्ज़ से बचना मेरा असली लक्ष्य नहीं है। मेरा असली लक्ष्य तो यह है कि मैं आजीवन दैवी राह पर चलता रहूँ और अपने दिल, मस्तिष्क तथा ऊर्जा को उस काम में लगाता रहूँ, जिससे मैं प्रेम करता हूँ। मेरी योजना है अपने प्रेमपूर्ण परिवार के साथ ख़ुशी-ख़ुशी रहना तथा उदारता के साथ समाज की सेवा करना। ये मेरी योजनाएँ और लक्ष्य हैं। अपनी राह पर बने रहने के लिए मुझे अपने संसाधनों के

भीतर गुज़ारा करना होगा और कर्ज़ से बचना होगा - इसलिए नहीं क्योंकि वे अंतिम लक्ष्य हैं, बल्कि इसलिए क्योंकि वे मुझे अधिक स्वतंत्रता से साँस लेने तथा जीवन का आनंद लेने में समर्थ बनाते हैं।"

पादरी राइट ने कहा, "आमीन। तुम जिस रास्ते पर चल रहे हो, वह शहर के अधिकांश लोगों की तुलना में ज़्यादा सही रास्ता है। मुझे तुम्हें सर्वश्रेष्ठ समृद्धि के पहले नियम से नहीं सिखाना पड़ेगा।"

सैम तनकर बैठ गया, "मैगोविन मुझे इन नियमों के बारे में सिखा रहा है। पादरी राइट, आप आध्यात्मिक हैं, इसलिए आप इसे समझ लेंगे।" सैम अपने विचारों को बटोरने के लिए ठहरा, "जब मैं पहली बार मैगोविन की दुकान में गया था, तो मेरे मन में धन की लालसा और चिंता भरी थी। मैगोविन की दुकान में मैं उससे मिलने नहीं गया था, बल्कि ज्यॉफ़्री का पता-ठिकाना पूछने गया था। मुझे यह डर सता रहा था कि मेरी आर्थिक स्थिति ख़राब न दिखने लगे - क्योंकि मैं एक समय काफ़ी पैसे कमाता था...।"

"और शायद तुम दोबारा कमाओगे," पादरी राइट ने बीच में कहा।

"परंतु अब वैसा नहीं है, पादरी राइट। अब मैं यह समझ गया हूँ कि दौलत से ख़ुशी नहीं मिलती है। असली ख़ुशी तो सर्वश्रेष्ठ समृद्धि के उन सात नियमों से मिलती है, जिन्हें मैगोविन सिखाता है और जिनके अनुसार वह जीता है। ये सात नियम यह सिखाते हैं कि जीवन का वास्तविक आनंद कैसे लिया जाता है और ईश्वर की बाँहों में समृद्धि कैसे पाई जा सकती है। मैं अपने ख़ालीपन को भरने के लिए आर्थिक मदद माँगने मैगोविन की दुकान में गया था। आज मैं यह जान चुका हूँ कि उस ख़ालीपन को धन-दौलत से नहीं भरा जा सकता। आज मैं ईश्वर के निकट संपर्क वाला जीवन जीना चाहता हूँ। मैं धन-दौलत नहीं, बल्कि ईश्वर की समझ और बुद्धिमत्ता पाना चाहता हूँ।"

"हूँ... तुम पाँचवें नियम पर हो," पादरी ने कहा। "ज़ाहिर है, तुम जानते हो कि ईश्वर की समझ हासिल करना ज़िंदगी भर चलने वाली खोज है। इससे जीवन और आत्मा में आनंद भर जाता है। हम जीवनपर्यंत ईश्वर की इच्छा और उसके बताए मार्ग पर चलते हैं।"

"मैं यह जानता हूँ और दरअसल इसीलिए मैं यहाँ आया हूँ। मैगोविन ने मुझे यह सुझाव दिया था कि मैं पढ़ना सीख लूँ। मैं सूज़ेट से नहीं पढ़ सकता। मैं इससे कुंठित हो जाऊँगा और मैं –"

"आगे कहने की ज़रूरत नहीं है। मैं समझता हूँ। ऐसा अक्सर होता है। वैसे जब तुम थोड़े आगे निकल जाओगे, तो तुम्हें उससे मदद माँगने में इतनी हिचक नहीं होगी।"

"तो फिर आप मुझे पढ़ाने के लिए तैयार हैं?"

"इसमें मुझे बहुत आनंद आएगा! न सिर्फ़ मैं तुम्हें पढ़ना सिखाऊँगा, बल्कि तुम्हारे साथ महान विचारों और सवालों पर बातचीत भी करूँगा – क्योंकि मैं ख़ुद लगातार ईश्वर के तरीक़े खोज रहा हूँ और सीख रहा हूँ। दूसरों के साथ ज्ञान बाँटने से मेरा भी ज्ञान बढ़ता है और उस रोशनी में भी वृद्धि होती है, जिससे हम सब सीखते हैं। बहरहाल, मैं यह चाहूँगा कि तुम मुझसे आर्थिक नियोजन का प्रशिक्षण भी ले लो।"

"हाँ पादरी राइट, परंतु मकान बेचकर और ख़र्च कम करके हम पहले से ही समझदारी के रास्ते पर चलने लगे हैं। मैं अब पहले जैसे संकट में कभी नहीं फँसूँगा। अब मेरे मन में धन का लोभ या लालसा नहीं है। अब मुझे सेवा करने में संतुष्टि मिलती है। जॉन द एल्डर के समूह में काम करने में अब मुझे शर्म नहीं आती है। मैं यह समझ चुका हूँ कि शांति और ख़ुशी दौलत से ज़्यादा महत्वपूर्ण होती हैं। मैं जीवन को अधिक सादगीपूर्ण बनाना चाहता हूँ। मेरी पत्नी और बच्चे भी इसके लिए तैयार हैं। मैं अपने भविष्य को लेकर संतुष्ट हूँ। अगर हम अपनी आर्थिक स्थिति के बारे में समझदारी से चलें, दान देते रहें और इसमें आनंद का अनुभव करते रहें, तो हमें आर्थिक प्रबंधन सीखने की ज़रूरत ही क्या है? अब धन मेरे लिए महत्वपूर्ण नहीं है।"

"तुम अपने भविष्य के बारे में संतुष्ट महसूस करते हो?"

"हाँ, पादरी राइट।" सैम ने दमकते हुए कहा।

"परंतु ख़ास रोमांचित नहीं हो...।"

"रोमांचित? शायद नहीं। लेकिन मैं यह बात जानता हूँ कि सूज़ेट बहुत रोमांचित है।"

"ऐसा क्यों है... क्या इसलिए क्योंकि उसे सादगीपूर्ण जीवन जीने का विचार रोमांचित करता है?"

सैम हँसा, "मुझे नहीं लगता कि असली बात यह है। सच तो यह है कि सूज़ेट बहुत व्यस्त रहती है। सिलाई-कढ़ाई करते समय वह बहुत उत्साहित रहती है और किसी न किसी तरह से घर तथा बच्चों की देखभाल करने का समय निकाल लेती है... मुझसे ज़्यादा अच्छी तरह से -"

"*और* क्लास में पढ़ाने का भी।"

"हाँ, और पढ़ाने का भी। उसने शुरू से ही बच्चों को पढ़ाया है और कई बार तो पड़ोस के बच्चों को भी। मुझे नहीं लगता उसका जीवन सादगीपूर्ण है। दरअसल मुझे लगता है, वह मिसेज़ विलियम्स के मकान को इसलिए पसंद करती है क्योंकि उसकी बड़ी खिड़की बाज़ार के चौराहे पर खुलती है। मेरी पत्नी भी व्यवसायी है, यह बात तो आप जानते ही हैं -"

"सर्वश्रेष्ठ व्यवसायियों में से एक है," पादरी ने कहा, "अगर हर व्यक्ति उतनी ही परवाह और प्रेम से अपना काम करे, तो हमारा शहर कितना बेहतर बन जाएगा। मुझे हैरानी नहीं होगी अगर सूज़ेट के मन में सिलाई के व्यवसाय को लेकर बड़े सपने हों। ख़ासकर अब, जब बच्चियाँ बड़ी हो रही हैं और तुम्हारी सबसे बड़ी बेटी मार्था बाक़ी दोनों की देखभाल कर सकती है।"

सैम की आँखों में चमक आ गई, "आप मेरी पत्नी को अच्छी तरह से जानते हैं।"

"और मैं तुम्हें भी अच्छी तरह से जानता हूँ, सैम।"

"मुझे? कैसे?"

"मैं जानता हूँ कि तुम्हारे मन में भी ज़्यादा उज्ज्वल भविष्य के सपने हैं।"

"कभी थे पादरी राइट, परंतु अब दौलत, पद या प्रतिष्ठा में मेरी कोई रुचि नहीं है। दरअसल मेरी ज़रा भी रुचि नहीं है। इसलिए मैं आर्थिक नियोजन का अच्छा विद्यार्थी साबित नहीं हो पाऊँगा। मैं ईश्वर की बुद्धिमत्ता के अध्ययन और प्रार्थना में ज़्यादा समय देना पसंद करूँगा।

सेवा करने और समझ हासिल करने में मुझे ज़्यादा संतुष्टि मिलेगी।"

"तो तुम इस शहर को अपने उपहारों से वंचित रखोगे।"

"पादरी राइट! बिलकुल नहीं! चाहे हमारी आमदनी कितनी भी कम हो, हम दान देते रहेंगे और ज़रूरतमंदों की मदद करते रहेंगे। और मैं हमेशा कारीगर के रूप में अपने काम के माध्यम से सेवा करता रहूँगा।"

पादरी राइट ने सैम को ग़ौर से देखा, "तुम्हारे शब्द सुनने में बहुत महान लगते हैं। लेकिन मैं वह सुनना चाहता हूँ, जो तुम्हारा दिल कह रहा है। क्या तुम्हें सचमुच महसूस होता है कि तुम वह व्यक्ति बन चुके हो, जो बनने का तुमने सपना देखा था?"

सैम ठहरा, "पिछले कुछ महीनों में इतना कुछ हो चुका है पादरी महोदय कि इस बात का जवाब देना मुश्किल है। मैं तो इतना जानता हूँ कि ईश्वर की आवाज़ को सुने बिना मैं दोबारा कभी नहीं जीना चाहता। मैं जानता हूँ कि मैं उसके तरीक़ों को समझना और उनका अनुसरण करना चाहता हूँ। क्या मैंने इसका सपना देखा था? मुझे ऐसा ही लगता है। क्योंकि जब-जब मैंने ख़ुद को प्रेरित महसूस किया है, ईश्वर मेरे साथ था। जब मैंने सांसारिक मोह-माया, ईर्ष्या और लोभ पर अपना ध्यान केंद्रित कर लिया, तो उसका साथ छूट गया और मुझमें वास्तविक प्रेरणा नहीं बची। मैं अंदर से ख़ाली था।" सैम ने अपने हाथों की तरफ़ देखा। "हाँ, मैंने यही बनने का सपना देखा था, क्योंकि ईश्वर मेरे साथ है।"

"तुम यह कह रहे हो कि जब तुम दौलतमंद और सफल बन गए, तो तुमने ईश्वर को तस्वीर से बाहर निकाल दिया?"

"हाँ, मैं जानता हूँ कि मैंने ऐसा ही किया था।"

"तो तुम सफलता और दौलत को दुख तथा खालीपन का कारण मानते हो?"

सैम धीमे से हँसा, "हाँ, मैं ऐसा मानता हूँ। वैसे पहले मुझे ऐसा नहीं लगता था।"

"तुम इस शहर के सबसे अच्छे फ़ोरमैन बन सकते हो, सैम। क्या तुम इस बात से सहमत नहीं हो?"

सैम पर एक भारी बोझ सा आ गया, जो उसकी आवाज़ में भी झलक रहा था, "पादरी राइट, मैं इन मामलों के बारे में सोच भी नहीं सकता हूँ। मैं सोचता था कि मैं कभी ईश्वर का सामना नहीं कर पाऊँगा, परंतु मैंने किया। मैं सोचता था कि मैं लोगों के प्रति प्रबल प्रेम महसूस नहीं कर पाऊँगा, परंतु अब मैं करता हूँ। मैं सोचता था कि मैं किसी मोची या अपनी पत्नी या अपने समूह के सामने कभी नहीं झुकूँगा - परंतु मैंने किया और मुझे इससे शक्ति मिली। मैं सोचता था कि मैं अपने मनपसंद पद से नीचे उतरने के अपमान को नहीं झेल पाऊँगा - परंतु मुझे इन पिछले दो हफ़्तों में बहुत शांति और समझ मिली है। मैं सोचता था कि मेरा मकान और स्वामित्व की वस्तुएँ मुझे परिभाषित करती हैं, लेकिन अब मैं उस बोझ से मुक्त हो चुका हूँ। मैं हमेशा पढ़ना सीखने से डरता था, परंतु अब मैं आपसे पढ़ना सीखने के लिए तैयार हूँ। पादरी राइट, ऐसा बहुत कुछ है, जो मैं अब करने के लिए स्वतंत्र हूँ। फिर आप मुझे मेरे पुराने सपनों की याद क्यों दिला रहे हैं? मैं अब फ़ोरमैन नहीं हूँ और यह ठीक भी है। मैं अब आख़िरकार स्वतंत्र महसूस कर रहा हूँ। मैं संतुष्ट हूँ। आर्थिक सफलता में अब मेरी कोई रुचि नहीं है।"

"तो ईश्वर की बात सुनने का तुम्हारा कोई इरादा नहीं है?"

सैम स्तब्ध रह गया, "आपका क्या मतलब है?"

"क्या ईश्वर ने ही तुम्हारे दिल में संभावनाएँ और सपने नहीं जगाए थे? क्या दैवी भावना ने ही तुम्हें प्रेम और दूरदृष्टि प्रदान नहीं की थी, ताकि तुम अपने समूह का नेतृत्व करके पिछले महीने इतना सुंदर मकान बनवा सको? जब तुमने उस मकान को पूरा किया था, तो क्या तुमने ईश्वर की प्रशंसा की थी?"

"हाँ, मैंने की थी। मुझे महसूस हुआ, जैसे वह भी हमारे साथ वहाँ पर था। मेरा दिल हर दिन... परंतु अब सब कुछ बदल गया है। अब मैं जॉन द एल्डर के नेतृत्व में सेवा करके ख़ुश हूँ। वह भी अपने काम को बुद्धिमत्ता और प्रेम के साथ करता है। मैं पद और प्रतिष्ठा के बंधनों से मुक्त हो चुका हूँ।"

"तुम डरते हो।"

"मैं डरता नहीं हूँ। मैं संतोषी हो गया हूँ और सम्मानित कारीगर की अपनी भूमिका से ही संतुष्ट हूँ। जब तक मैं अपने संसाधनों के भीतर रहता हूँ, तब तक इस बात से क्या फ़र्क़ पड़ता है कि मैं फ़ोरमैन नहीं हूँ?"

"तुम डरते हो, सैम।"

"मैंने डरना *छोड़* दिया है। आप यह कैसे कह सकते हैं कि मैं डरता हूँ?"

"तुम एक बार फिर अपने सपनों का पीछा करने से डरते हो? तुम एक बार फिर सफल फ़ोरमैन और निर्माता बनने से डरते हो। तुमने शायद बिल्डर्स के नए गिल्ड का नेतृत्व करने और अपने ख़ुद के फ़ोरमैन नियुक्त करने के सपने देखे थे।"

"मैं डरता नहीं हूँ, पादरीजी। मैं ज़्यादा समझदार हो गया हूँ। मैं जानता हूँ कि इस सबका अंत क्या होगा।"

"नहीं। तुम यह जानते हो कि इस सबका पहले क्या अंत हुआ था।"

"और अगर मैं उन्हीं महत्वाकांक्षाओं पर दोबारा चलूँगा, तो इस बार अंत अलग क्यों होगा?" सैम ने थोड़ा चिढ़ते हुए पूछा।

"क्योंकि तुम अलग हो।"

सैम ने अपने सिर को हल्के से हिलाया, "इस बारे में दोबारा सपना देखना अब मेरे बस का नहीं है।"

"तुम डरते हो।"

सैम ने गहरी साँस खींची, "मैं दोबारा उन सपनों का पीछा करने के लिए तैयार नहीं हूँ।"

"आध्यात्मिक रूप से या शारीरिक रूप से?" पादरी राइट ने पूछा।

"मैं आर्थिक ज़िम्मेदारी सँभालने के लिए तैयार नहीं हूँ। मुझे डर है कि मैं फिर से उसी खोखलेपन की खाई में गिर जाऊँगा, अगर मैं –" सैम एकदम से रुक गया, जब उसने अपने शब्दों पर ग़ौर किया। वह पीछे टिक गया और उसने अपनी आँखें मूँद लीं।

"सैम! यह थकने का समय नहीं है! यह बहुत अच्छी ख़बर है! तुम छठे नियम के लिए तैयार हो – और तुम जानते हो कि तुम तैयार हो!"

सैम ने अपनी आँखें खोलीं और पादरी के चेहरे को ग़ौर से देखते हुए बोला, "लेकिन अब मैं सुरक्षित हूँ। मैं जानता हूँ कि सर्वश्रेष्ठ समृद्धि के कुल सात नियम हैं, परंतु निश्चित रूप से मेरी तरह का आदमी पहले पाँच नियमों पर ही अमल करके सुरक्षित ज़िंदगी गुज़ार सकता है।"

"तुम सुरक्षित ज़िंदगी गुज़ारने के लिए पैदा नहीं हुए हो, सैम। हालाँकि यह सच है कि तुम पहले पाँच नियमों पर अमल करके गरिमामय जीवन जी सकते हो। चाहे तुम्हारा पद कुछ भी हो, तुम अपना काम सम्मान से करोगे। मैं यह बात मानता हूँ, सैम। लेकिन तुम यहाँ सम्मान के साथ काम करने के लिए नहीं आए हो। तुम यहाँ उस जीवन का सम्मान करने आए हो, जो ईश्वर ने तुम्हें दिया है... जब तुम ईश्वर के दिए गुणों का इस्तेमाल करते हो, तो तुम उसका सम्मान करते हो और तुम ज़िंदगी का भी सम्मान करते हो। जब तुम अपनी अंतरात्मा की आवाज़ सुनकर ईश्वर और दूसरों की सेवा करोगे, तो तुम्हें अधिक आर्थिक पुरस्कार मिलेंगे। और तुम्हें इसकी तैयारी करना होगी, सैम। सफलता की तैयारी करने में कोई शर्म की बात नहीं है।"

"मैंने पहले भी सफलता की तैयारी की थी।"

"नहीं। तुम अपने दिल की इच्छाओं का पीछा करते हुए अपने काम में तरक्की कर रहे थे, परंतु तभी सफलता ने या सफलता के तुम्हारे विचारों ने तुम्हारा रुख बदल दिया। तुम इसके लिए पूरी तरह तैयार नहीं थे, क्योंकि तुमने इसकी योजना नहीं बनाई थी, जिसमें दान देने, ख़र्च करने और बचत करने की आदतें शामिल हों, चाहे तुम्हारी आमदनी कितनी भी हो। इसके अलावा तुम योजना और मार्गदर्शन के बिना निवेश करने लगे थे। तुमने अपना धन गँवा दिया और इसके साथ अपनी आशा भी। अजीब बात है कि ये दोनों कितने क़रीबी ढंग से जुड़े हुए हैं, है ना?" पादरी राइट ने सैम को जिज्ञासा परंतु समझदारी से देखा।

"परंतु मैं दान दे रहा हूँ और अपने ख़र्च कम कर रहा हूँ।"

"यह अच्छी बात है, लेकिन तैयारी का नियम इससे ज़्यादा माँगता है, इससे बहुत ज़्यादा माँगता है। तुम्हें पता होना चाहिए कि तुम

दरअसल किसकी तैयारी कर रहे हो, सैम। तुम्हें अपने भीतर उस चिंगारी को दोबारा खोजना होगा, ताकि तुम अपनी पूरी क्षमता से काम कर सको। और तुम्हें यह भी मानना होगा कि धन के मूर्खतापूर्ण प्रबंधन के कारण तुम्हारा सपना पहले पूरा नहीं हो पाया था। यह दोबारा भी हो सकता है। तुम्हें अब दोबारा शुरुआत करना होगी। और इस बार तुम इस योजना पर चलोगे कि चाहे तुम्हारी आमदनी कितनी भी कम हो, तुम दृढ़ आर्थिक योजना के आसान क़दमों पर चलोगे। जब तुम एक बार फिर अपने व्यवसाय में लीडर बनने की कोशिश करोगे, तभी ये आदतें तुम्हें सफल बनाएँगी। तुम्हें किसी भी संकट के लिए मानसिक और आर्थिक रूप से तैयार रहना चाहिए, क्योंकि जैसा तुम जानते हो, तुम्हारे व्यवसाय में बुरे दौर आते हैं। लेकिन अगर तुम इस काम को दिल से करना चाहते हो, तो तुम उस बुरे दौर की तैयारी कर सकते हो और सुखी रह सकते हो।"

"ये क़दम आसान हैं?" सैम ने सावधानी से पूछा।

पादरी राइट धीमे से हँसे, "बिलकुल! तुम्हें दस प्रतिशत दान देना है, बीस प्रतिशत बचाना है और बाक़ी बचे सत्तर प्रतिशत में गुज़ारा करने के लिए विस्तृत बजट बनाना है। अपनी सत्तर प्रतिशत आमदनी में तुम्हें इन ख़र्चों पर विचार करना है, जैसे घर की मरम्मत, मवेशी, अपने बिज़नेस के औज़ार, अप्रत्याशित बीमारी, तुम्हारी बेटियों की आगे की पढ़ाई, उनकी शादियाँ, तुम्हारा रिटायरमेंट, जब तुम अपने नातियों को गोद में खिलाना चाहो..."

"एक मिनट। एक मिनट। ये क़दम आसान नहीं हैं!" सैम ने विरोध किया।

"वे आसान ही हैं। वे विकल्प की तुलना में ज़्यादा आसान हैं - ज़िंदगी की कोई योजना नहीं, कोई फ़ॉर्मूला नहीं, जो उस ओर ले जाता है... तुम अच्छी तरह जानते हो किस ओर! जब तक तुम किसी राह की योजना नहीं बनाओगे और तैयारी नहीं करोगे, तब तक तुम्हें कभी स्थायी स्वतंत्रता नहीं मिल पाएगी। और यह अद्भुत है कि स्वतंत्रता की इच्छा त्याग के चुनाव को आसान बना देती है। अगर तुम सिर्फ़ संतुलित

बजट की तैयारी कर रहे होते, तो ये क़दम तुम्हें बोझिल और मुश्किल लगते। लेकिन चूँकि तुम सार्थकता भरी ज़िंदगी की तैयारी कर रहे हो, वह काम कर रहे हो जिससे तुम प्रेम करते हो, समाज की मदद कर रहे हो, अपने परिवार का आनंद ले रहे हो और ईश्वर की प्रशंसा कर रहे हो, इसलिए तुम्हें ये क़दम बोझिल नहीं लगेंगे। वे तो समृद्ध जीवन के लिए अपेक्षित स्वतंत्रता पाने का फ़ॉर्मूला हैं।"

सैम के दिल और आँखों में पुराने सपने एक बार फिर जाग गए, "आप सोचते हैं कि मैं अपने धन का सही प्रबंधन करना सीख सकता हूँ? भले ही मैं दोबारा दौलतमंद बन जाऊँ?"

"मुझे पूरा विश्वास है कि तुम सीख सकते हो, क्योंकि इस राह पर ईश्वर तुम्हारा मार्गदर्शन कर रहा है और तुम धन को लक्ष्य नहीं, बल्कि साधन मानने के लिए तैयार हो।"

सैम ने धीमे से साँस ली, "कृपया मुझे अधिक समृद्धि की तैयारी करना सिखाएँ, पादरी राइट। क्योंकि आप सही कह रहे हैं। मैं दोबारा अपने समूह का फ़ोरमैन बनना चाहता हूँ और अपने विचारों, काम तथा लीडरशिप के ज़रिये ज़िंदगी में बहुत कुछ हासिल करना चाहता हूँ। मेरी सबसे बड़ी ख़ुशी यह है कि मैं अपने समूह के साथ अपने ग्राहकों के लिए किसी योजना पर प्रेम के साथ काम कर सकूँ। फ़ोरमैन के रूप में मैं सचमुच सुखी महसूस करता था और इससे मेरे परिवार को भी लाभ हुआ। बहरहाल, मैं जानता हूँ कि फ़ोरमैन के रूप में मुझे ज़्यादा कमीशन और ज़्यादा जोखिम मिलेगा। मैं चाहता हूँ कि मैं शांति से उस तरह के जीवन की अपनी सारी ज़िम्मेदारियों का उचित प्रबंधन कर सकूँ।"

"ईश्वर बड़ा दयालु है! आज तुमने पढ़ना सीखने का आग्रह करके मुझे बहुत बड़ा उपहार दिया है! यह मेरी प्रबल इच्छा है! मैं जानता हूँ कि तुम ज्यॉफ़्री से मिलने जाओगे। तो जाओ और उसके साथ मामले को सुलझा लो। मैं जानता हूँ कि वह तुम्हारी मदद करेगा, क्योंकि निवेश और धन संबंधी मामलों में ज्यॉफ़्री बहुत समझदार है। वह और मैं... पिछले साल से हम एक-दूसरे को कई चीज़ें सिखा रहे हैं। फिर घर जाकर सूज़ेट और बच्चों के साथ बढ़िया भोजन करो। कल प्रार्थना के

बाद हम अपनी तैयारी के सत्रों के बारे में बात करेंगे, ठीक है? इस काम में कई दिन लगेंगे। हम पढ़ाई और आर्थिक मामलों के लिए अलग-अलग समय तय कर लेंगे। शब्द और अंक! बढ़िया! तुम्हें सिखाने के लिए मेरे पास बहुत कुछ है! हमें कितना मज़ा आएगा! तुम सचमुच महान जीवन की तैयारी कर रहे हो।"

और वह सचमुच ऐसा ही कर रहा था।

सैम ने ज्यॉफ़्री के साथ एक अनुबंध कर लिया। मिलर स्ट्रीट का उनका प्रतिष्ठित मकान एक फ़ार्मासिस्ट को बेच दिया गया। मैगोविन और विधवा विलियम्स विवाह-सूत्र में बँध गए। इसके बाद सैम तथा सूज़ेट ने शहर के बीच का वह छोटा मकान ख़रीद लिया और उसमें रहने लगे। उन्होंने कुछ सजावट का सामान बेच दिया और कुछ कर्ज़ भी उतार दिए। काफ़ी चर्चा और पारिवारिक बैठकों के बाद उनकी तीनों बेटियाँ एक ही कमरे में रहने के लिए तैयार हो गईं। उनके "नए" घर में गूज़बेरी पाई, सब्ज़ियों के सूप और ताज़ी ब्रेड की ख़ुशबू तैरने लगी।

सैम की ज़िंदगी एक बार फिर पटरी पर आ गई थी... लेकिन उसकी ज़िंदगी आसान नहीं थी। सैम ने अपनी ज़िंदगी में बहुत सी मुश्किलें झेली थीं, लेकिन वह पढ़ने के "आसान" क़दमों की मुश्किल के लिए तैयार नहीं था। उसे यह नहीं मालूम था कि दान देने, बचत करने और बजट बनाने के ये "आसान" क़दम कितने मुश्किल होंगे।

पढ़ना सीखने के पहले दिन ही सैम को एहसास हो गया कि उसकी प्रगति बहुत धीमी होगी और सीखते समय उसे कुंठा का सामना करना होगा। बहरहाल, पादरी राइट बार-बार ज़ोर देकर कहते रहे कि इसका परिणाम बहुत सुखद होगा। पहले सबक़ के दौरान ही पादरी राइट उसे अपनी पुस्तकों की बड़ी लायब्रेरी के सामने ले गए।

"तुम्हें ये सारी पुस्तकें पढ़ना है," उन्होंने विश्वासपूर्ण लहज़े में कहा।

"प-प-परंतु," हकलाते हुए सैम ने कहा, "यह कैसे संभव है! मैं तो अभी शब्दों को पढ़ना ही सीख रहा हूँ... इतनी बड़ी-बड़ी किताबें पूरी पढ़ना... इसमें तो मेरी बाक़ी की ज़िंदगी लग जाएगी!"

"कितना बढ़िया जवाब है! शुक्र है तुमने यह नहीं कहा, 'मैं इन्हें कभी नहीं पढ़ पाऊँगा!' अगर इसमें तुम्हारी बाक़ी की ज़िंदगी लगेगी, तो क्या यह बेहतर नहीं होगा कि हम इस काम में जुट जाएँ?"

और उन्होंने ऐसा ही किया। हर सबक़ में पादरी सैम को धर्मग्रंथों और अन्य पुस्तकों से पढ़कर सुनाते थे। इसके अलावा वे दोनों दर्शन, धर्म, कविता और मानवीय स्थिति पर चर्चा भी करते थे। इससे सैम अच्छी तरह पढ़ना सीखने के लिए प्रोत्साहित हुआ - उसका लक्ष्य सिर्फ़ पढ़ना नहीं था, बल्कि उससे ज़्यादा बड़ा था। पढ़ना तो सिर्फ़ तैयारी की प्रक्रिया का हिस्सा था, हालाँकि यह निश्चित रूप से मुश्किल काम था और इसे सफलतापूर्वक करने के लिए उसे आस्था और अनुशासन की ज़रूरत थी। उसने अपनी निगाह अपने असली लक्ष्य पर जमाकर रखी, जिसके लिए उसे अध्ययन करना था और सीखना था। उसने अपने दिल और दिमाग़ में इसे पूरी तरह से भर लिया!

सैम हर मंगलवार और गुरुवार को पाँच बजे पादरी राइट से पढ़ना सीखता था, जिसकी प्रगति बहुत धीमी थी। फिर इन्हीं दिनों में शाम को छह बजे तक वह अपने छोटे से बजट की समीक्षा करता था और धन के प्रबंधन के नियमों के अनुरूप उसमें फेरबदल करता था। पहले 10 प्रतिशत ईश्वर के लिए, फिर 20 प्रतिशत बचत के लिए। बहरहाल, बचे हुए 70 प्रतिशत धन का बजट बनाना बहुत मुश्किल था। सैम को 20 प्रतिशत बचाने के लिए हर सप्ताह पादरी राइट के प्रोत्साहन और प्रेरणा की ज़रूरत पड़ती थी, क्योंकि उसे लगता था कि उसका ख़र्च 70 प्रतिशत आमदनी में नहीं चल सकता।

सैम और सूज़ेट सोच रहे थे कि 90 प्रतिशत आमदनी में ही ख़र्च मुश्किल से चल पाएगा। और अब पादरी राइट कह रहे थे कि उन्हें इसमें से 20 प्रतिशत बचाना चाहिए और सिर्फ़ 70 प्रतिशत आमदनी में ही अपना ख़र्च चलाना चाहिए! बहुत बार सैम और सूज़ेट का मन ललचाया कि वे कोई सुंदर क़ालीन या बर्तन ख़रीद लें, परंतु तभी उन्हें बजट की याद आ जाती थी। कई बार तो सूज़ेट कुंठित होकर शलजम का सूप लगातार कई दिनों तक परोसती थी, क्योंकि वे लोग 70 प्रतिशत आमदनी से ज़्यादा ख़र्च नहीं कर सकते थे? उन्हें घर पर दूध मँगवाना

भी बंद करना पड़ा, क्योंकि बाज़ार में दूध थोड़े कम दामों पर मिलता था! इसके अलावा उन्हें मार्कस को हर पखवाड़े टैक्स देना भी मुश्किल काम लगता था!

सैम और सूज़ेट ख़ुद को ग़रीब मान सकते थे। परंतु न जाने क्यों... न जाने क्यों उन्होंने ऐसा नहीं किया। वे आत्मा और आशा में दौलतमंद थे। वे ख़ुशी-ख़ुशी अपना काम करते थे (अधिकांश दिन)! वे इस तरह दान देते थे और बचत करते थे, जैसे वे दौलतमंद हों। कुछ महीने बाद उन्होंने पाया कि उनके त्याग और अनुशासित जीवन से सिर्फ़ बचत ही नहीं हो रही थी, बल्कि उन्हें यह एहसास भी हो रहा था कि वे ग़रीबी और ज़रूरतों से मुक्त हो चुके हैं। अब उनके मन में स्वतंत्रता तथा शांति की भावनाएँ थीं। उन्हें यह देखकर हैरानी हुई कि वे कितने कम धन में ख़र्च चला सकते हैं। धीरे-धीरे वे धन को एक ऐसे साधन के रूप में देखने लगे, जिसे वे नियंत्रित कर सकते थे। सैम पादरी राइट के साथ जो समय बिताता था, उसमें अब आर्थिक नियोजन और बजट के बारे में बहुत कम विचार-विमर्श होता था। उनका ज़्यादातर समय पढ़ने में ही बीतता था।

सैम जॉन द एल्डर के समूह में काम करता रहा, घर पर अपनी कम मज़दूरी लाता रहा, लेकिन मन ही मन वह उस ज़िंदगी के सपने बुनता रहा, जिसकी वह तैयारी कर रहा था। मार्कस का घर पूरा हो चुका था और छह महीनों में मार्कस की पत्नी अपने हरे-भरे बगीचों से बकरियाँ भगा रही थी। इसके बाद जॉन का समूह कई इमारतों को बनाने और मरम्मत के काम करने में व्यस्त रहा। सीटी बजाते हुए उन्होंने पूरे जाड़े और आने वाली गर्मी तक काम किया।

लेकिन सैम काम करते समय सिर्फ़ सीटी ही नहीं बजाता था। इसके साथ ही वह प्रार्थना करता था और अपने मन में यह योजना बनाता था कि जब वह एक बार फिर अपने समूह का नेतृत्व करेगा, तो उसकी योजनाएँ क्या होंगी। वह अच्छी तरह से जानता था कि उसकी ज़िंदगी का काम सिर्फ़ लकड़ियाँ काटना और उन्हें आकार देना या पत्थर खोदना और उन्हें जमाना नहीं था। उसकी ज़िंदगी का काम होगा - जैसा यह हमेशा रहा था - सोचना, बनाना, रचना करना और उपयोगी तरीक़े

से नेतृत्व करना। और वह इस दिशा में काम करने की तैयारी कर रहा था। वह सीमित तनख़्वाह में गुज़र-बसर करते हुए एक-एक सिक्का बचा रहा था और आगे आने वाले बड़े काम की तैयारी कर रहा था।

12
एक नई राह

पदावनति के एक साल बाद सैम ग्रेको के साथ ओक के एक विशाल वृक्ष की छाया में खड़ा था।

"मैंने साल भर तुम पर नज़र रखी है, सैम। ज़ाहिर है तुम्हारा काम बहुत बढ़िया है और तुम्हारा समर्पण सबको साफ़ दिखाई देता है। जॉन द एल्डर ने मुझसे बार-बार कहा है कि तुम एक बेहतरीन कारीगर और निर्माता हो। उसने मुझसे कई बार पूछा है कि मैंने तुम्हें फिर से फ़ोरमैन क्यों नहीं बनाया।"

सैम ने ग्रेको को देखते हुए कहा, "और अब मैं इसके लिए तैयार हूँ, ग्रेको। मैं एक बार फिर से समूह का नेतृत्व करने के लिए उत्सुक हूँ। प्रतिष्ठा या पद के लिए नहीं -"

ग्रेको ने सैम के कंधे पर हाथ रखते हुए कहा, "मैं समझता हूँ। मुझे तुम्हारे काम की ही ख़बर नहीं है, बल्कि तुम्हारी ज़िंदगी में हुए परिवर्तनों की भी ख़बर है। तुम्हारा हृदय-परिवर्तन हो चुका है। मैं तुम्हारे दान के बारे में जानता हूँ। मैं सूज़ेट के स्कूल में पढ़ाने के बारे में जानता हूँ। मैं तुम्हारी पढ़ाई के बारे में जानता हूँ। मैं तुम्हारी किफ़ायत और बचत के बारे में जानता हूँ।" ग्रेको ने सैम को आँख मारते हुए कहा, "तुम्हें मालूम है कि इस शहर में तुम उन चुनिंदा कारीगरों में से एक हो,

जिन्होंने बैंक में ख़ाता खोला है? मुझे अपने कारीगरों का नेतृत्व करने के लिए तुम्हारे जैसे इंसान की ही ज़रूरत है।"

"मैं तैयार हूँ," सैम ने कहा।

"शुरुआत में काम कम होगा।"

"मैंने जो बचत की है, उससे मेरा गुज़ारा हो सकता है।"

"नहीं, उसकी ज़रूरत नहीं पड़ेगी। अगर बीच में तुम्हारे पास काम न हो, तो तुम कारीगर के रूप में जॉन के समूह में काम कर सकते हो... बशर्ते यह तुम्हें अपमानजनक न लगे," ग्रेको ने सैम को ग़ौर से देखते हुए कहा।

सैम मुस्कराया, "ईश्वर ने कृपापूर्वक मेरी ज़िंदगी और दिल को बदल दिया है। मैं इसके लिए ख़ुशी-ख़ुशी तैयार हूँ। मुझे ठेकों के बीच में जॉन के समूह में कारीगर का काम करने में ज़रा भी शर्म नहीं आएगी।"

...

और इस तरह सैम एक बार फिर समूह का नेतृत्व करने लगा। शुरू में उसके समूह में कम लोग थे। उसका समूह उतना ही छोटा था, जितना उसे आठ साल पहले यह काम शुरू करते समय मिला था। उसे छोटे काम दिए गए, जिनमें मरम्मत के काम शामिल थे। उसके समूह को उसकी शैली की आदत पड़ गई। छत इस तरह डाली जाती थी, पत्थर इस तरह रखे जाते थे, लकड़ी को इस तरह लगाया जाता था और यहाँ तक कि नालियों की भी इस तरह से मरम्मत की जाती थी, ताकि मकान में रहने वालों के प्रति प्रेम और परवाह प्रकट हो। जब सैम के पास ठेके नहीं होते थे, तो वह जॉन के समूह में काम कर लेता था। बहरहाल, ऐसे मौक़े धीरे-धीरे कम होने लगे, क्योंकि सैम से काम करवाने वाले ग्राहकों की संख्या बढ़ गई और उन कारीगरों की संख्या भी बढ़ गई, जो उसके मार्गदर्शन में काम करना चाहते थे। उसकी आमदनी बढ़ गई, उसका दान बढ़ गया, उसकी बचत बढ़ गई और उसकी आस्था तथा समझ भी बढ़ गई। लेकिन उसके लक्ष्य इतने स्पष्ट थे और उसकी बजट की आदतें अब इतनी स्वाभाविक हो चुकी थीं कि उसका ख़र्च सिर्फ़ कुछ छोटी विलासिताओं के लिए ही बढ़ा - दूध और पनीर की घर-पहुँच सेवा,

अधिक फल और गोश्त के अच्छे टुकड़े! इन चीज़ों में ख़र्च करने में सूज़ेट ने भी कोई आपत्ति नहीं की!

ज़िंदगी सचमुच आनंददायक हो गई। सैम हर दिन काम पर जाने के लिए उत्सुक रहता था। उसका समूह हर दिन काम करने के लिए उत्सुक रहता था - क्योंकि वे लोग जानते थे कि वे जो कर रहे हैं, वह बहुत महत्वपूर्ण काम है। आख़िरकार - वे सैम के लिए काम कर रहे थे! सूज़ेट अपनी सिलाई के काम में बहुत व्यस्त रहती थी। सूज़ेट के पढ़ाने की वजह से पादरी राइट का स्कूल अच्छी तरह चल रहा था और वहाँ पर बहुत से विद्यार्थी आने लगे थे। सूज़ेट और सैम की बेटियाँ मार्था, एलिज़ाबेथ और मैरी बहुत सहयोग देती थीं तथा ख़ुशी से सीखती थीं। इसके अलावा सैम भी एक उत्साही विद्यार्थी था। ज़िंदगी सुखद थी। सैम ऊर्जा और उत्साह से भरा था। वह आध्यात्मिक और भावनात्मक शांति महसूस कर रहा था। और उसे विश्वास था कि सूज़ेट तथा वह सचमुच आर्थिक रूप से सुरक्षित हैं...

लेकिन एक दिन...

...सैम ज्यॉफ़्री के पास अपनी छोटी क़िस्त का भुगतान करने गया। ज्यॉफ़्री ने उसका गर्मजोशी से अभिवादन किया और उसे अंदर बुलाया।

"मुझे तुम्हारे साथ एक ज़रूरी बातचीत करना है, सैम।"

"क्यों नहीं, ज्यॉफ़्री।"

दोनों बैठ गए। उनके बीच में चाय रखी थी। शांत कमरे में ज्यॉफ़्री के शब्द ऐसे लग रहे थे, जैसे दूर बादल गरज रहे हों, "तुम भवन निर्माता हो। तुम एक अच्छे भवन निर्माता हो। लेकिन तुमने एक ऐसी चीज़ बनाई है, जो धीरे-धीरे कमज़ोर होती जा रही है। जब हम यहाँ बैठे हैं, तब भी यह कमज़ोर होती जा रही है। अगर तुम उस तरफ़ ध्यान नहीं दोगे, तो तुम्हें बहुत नुक़सान हो सकता है।"

सैम हैरान था, "क्या? कृपया मुझे बताएँ कि वह कौन सी चीज़ है! आख़िर आपका क्या मतलब है?" सैम ने अपने दिमाग़ पर ज़ोर डाला। क्या उसने ज्यॉफ़्री के लिए कभी कुछ बनाया था? क्या उसका घर

मज़बूत नहीं था? फ़ेंस या दीवार...? "ज्यॉफ़्री, वह जो भी होगा, मैं उसकी मरम्मत कर दूँगा। मुझे बताएँ।"

"मैं तुम्हारी बचत की बात कर रहा हूँ।"

सैम ने ज्यॉफ़्री की तरफ़ देखते हुए आँखें झपकाईं। फिर वह मुस्कराया, "आप हमारा बहुत ख़्याल रखते हैं, जो आपने हमारी आर्थिक स्थिति के बारे में सोचा है ज्यॉफ़्री, लेकिन हम काफ़ी किफ़ायत से रहते हैं और हमने थोड़ी बचत भी कर ली है। आप हमारे बारे में चिंता न करें। पिछले साल हमने आपके कहे मुताबिक़ दान देना भी शुरू कर दिया। इसके अलावा हम अपनी बीस प्रतिशत आमदनी भी बचाने लगे हैं। मकान की छोटी सी क़िस्त के अलावा हम पर कोई कर्ज़ नहीं है। हमारे धन की बर्बादी की कोई आशंका नहीं है, जैसा पहले हुआ था।"

ज्यॉफ़्री ने शांति से सुना और धैर्य से सिर हिलाया, "यह सचमुच समझदारी का काम है। और क्या अब तुम बहुत दौलतमंद हो?"

"मैं अब भी उतना नहीं कमाता हूँ, जितना पहले कमाता था, लेकिन हाँ, मैं सचमुच समृद्ध हो गया हूँ। मैं सर्वश्रेष्ठ समृद्धि के नियमों के प्रति निष्ठावान हूँ, ज्यॉफ़्री। ईश्वर की कृपा और बुद्धिमत्ता ही मेरी शक्ति है। मेरी प्राथमिकताएँ आध्यात्मिक मार्गदर्शन से तय होती हैं। मैं अपना धन बाँटने में सुख अनुभव करता हूँ और ख़ुशी-ख़ुशी दान देने वाले के अलावा मैं किसी अन्य रूप में अब अपनी कल्पना भी नहीं कर सकता हूँ।"

"हाँ। यह अद्‌भुत है कि तुम अपने धन से दूसरों को ख़ुशी पहुँचाते हो, है ना?"

"यह सूज़ेट और मेरी ज़िंदगी का हिस्सा बन चुका है। यह ईश्वर द्वारा दिखाई गई राह पर चलने का हिस्सा बन चुका है। और हम विस्मय से भर जाते हैं। आपने हमारी आँखें और हृदय खोल दिए हैं। मैं आपको धन्यवाद देता हूँ कि आपने मुझे उदारता का पाठ पढ़ाया।"

"मैंने नहीं, ईश्वर ने तुम्हारी आँखें और हृदय खोले थे। मैं तो सिर्फ़ एक माध्यम था। तुम समझदारी भरे शब्द सुनने के लिए तैयार थे।"

"जब मैं तैयार होता हूँ, तो उसे हमेशा पता चल जाता है," सैम

ने विनम्रता से कहा, "उसने सूज़ेट के मार्गदर्शन से लाभ पाने के लिए मुझे तैयार किया। अब मैं अपने काम में प्रेम शामिल करता हूँ। मैं हर दिन ईश्वर के विचारों और योजना को समझने की कोशिश करता हूँ। और मैं चुनौतियों का सामना करने के लिए तैयार हूँ। मेरे लक्ष्य और विचार स्पष्ट हैं। और..." सैम ने दमकते हुए कहा। "और हमने बैंक में चार हज़ार सोने के सिक्के जमा कर लिए हैं! इसलिए ज्यॉफ़्री आपको हमारी आर्थिक सुरक्षा की चिंता करने की ज़रूरत नहीं है।"

"परंतु मुझे चिंता है। मैं बहुत चिंतित हूँ। मुझे बताओ... क्या तुम जानते हो कि एक साल पहले एक पौंड चाय की क़ीमत क्या थी?"

सैम ठहरा, "मैं यह नहीं बता सकता...।"

"लगभग सोलह सिक्के। अच्छी लकड़ी के गट्ठर की क्या क़ीमत थी?"

"पिछले साल? लगभग ग्यारह सिक्के। परंतु वह पिछले साल की बात थी।"

"और इस साल?"

"यह साढ़े ग्यारह सिक्कों के लगभग है।"

"और मैंने अभी सत्रह सिक्कों में चाय ख़रीदी है," ज्यॉफ़्री ने चिंतित होकर कहा।

"ऐसा हमेशा होता है। हर साल क़ीमतें थोड़ी बढ़ जाती हैं, परंतु आम तौर पर आमदनी भी बढ़ जाती है, इसलिए... इसका ज़्यादा प्रभाव नहीं पड़ता है, है ना?" सैम ने कहा।

"इसका प्रभाव निश्चित रूप से पड़ता है," ज्यॉफ़्री ने दो कप में चाय भरते हुए कहा। "मान लो सैम, पिछले साल अगर तुम्हारे पास ग्यारह सौ सिक्के होते और तुम अच्छी लकड़ी के सौ गट्ठर ख़रीद कर रख लेते, तो आज उनकी क़ीमत क्या होती?"

"मैं उन्हें आज की क़ीमत पर बेच सकता था। साढ़े ग्यारह सिक्कों में एक, यानी कुल ग्यारह सौ पचास सिक्कों में।"

"और क्या तुम्हें सचमुच फ़ायदा हुआ होता?"

"मुझे लगता है, नहीं," सैम ने कहा। "क्योंकि ग्यारह सौ पचास

सिक्कों में उतना सामान नहीं आ सकता है, जितना पिछले साल ग्यारह सौ सिक्कों से ख़रीदा जा सकता था। क्या आप यही कहना चाहते हैं?"

"हाँ। चलो, अब हम यह मान लेते हैं कि तुमने पिछले साल ग्यारह सौ सिक्कों से लकड़ी नहीं ख़रीदी और इसके बजाय तुमने समझदारी से अपना धन बैंक में जमा कर दिया...।"

"आह, तब तो मुझे फ़ायदा होगा। मैं अपनी जमा धनराशि पर तीन प्रतिशत सालाना ब्याज कमाऊँगा।"

"और एक साल के बाद वह कितना हो जाएगा..."

सैम ने तत्काल गुणा-भाग किया, "ग्यारह सौ तैतीस सिक्के...।"

"और क्या तुम उस धन से लकड़ी के सौ गट्ठर ख़रीद सकते हो?"

"मेरे पास पर्याप्त पैसे नहीं होंगे। मेरे धन का –"

"मूल्य घट गया है, सैम।"

इस बात को समझते ही सैम की आँखें सिकुड़ गईं।

"मेरे सोने के चार हज़ार सिक्कों का..."

"मूल्य एक साल में कम हो जाएगा। जब से मैं हिसाब रख रहा हूँ, तब से सामान की क़ीमतें हर साल लगभग पाँच प्रतिशत बढ़ रही हैं। कुछ चीज़ों की क़ीमतें कम भी होती हैं, परंतु ऐसी चीज़ें उँगलियों पर गिनी जा सकती हैं। बराबरी पर रहने के लिए तुम्हें हर साल अपनी आमदनी पाँच प्रतिशत बढ़ाना होगी। और तुम्हारे बचाए हुए धन को महँगाई में अपना मूल्य बनाए रखने के लिए पाँच प्रतिशत ब्याज कमाना होगा। क्या तुम्हें यह समझ में आ रहा है?"

"हाँ, परंतु बैंक तो सिर्फ़ तीन प्रतिशत ब्याज देता है। निश्चित रूप से अपने घर में सिक्के इकट्ठे करने से तो यह बेहतर है, जहाँ मुझे बिलकुल भी ब्याज नहीं मिलेगा," सैम ने विचारपूर्वक कहा।

"निश्चित रूप से, सैम और तुम्हें बचत करना ही चाहिए। तैयारी के नियम के अनुसार तुम अपनी बीस प्रतिशत आमदनी अलग रखते हो, यह समझदारीपूर्ण और उचित है। और तुमने सही कहा है, यह घर में धन इकट्ठा करने से बेहतर है। लेकिन मेरे शब्दों पर ध्यान दो। अगर

तुम अपनी सारी बचत तीन प्रतिशत ब्याज वाले इस सुरक्षित ख़ाते में रखते हो, तो इसका मूल्य समय के साथ कम होता जाएगा। बीस से पच्चीस साल बाद जब तुम अपनी बचत पर ज़िंदगी गुज़ारना चाहोगे, तो निश्चित रूप से तुम्हारे पास काफ़ी धन होगा, लेकिन उसका असली मूल्य काफ़ी कम हो चुका होगा, क्योंकि सामान की क़ीमतें बहुत बढ़ चुकी होंगी। ख़र्च न करके तुम अपना धन अलग रख रहे हो और इसे सचमुच बचा रहे हो, लेकिन तुम अपने धन को सुरक्षित नहीं रख रहे हो।"

"ज्यॉफ़्री, यह तो बहुत निराशाजनक है। क्या मुझे अपना धन किसी दूसरे बैंक में जमा करना चाहिए? क्या कोई ऐसा बैंक है, जो पाँच प्रतिशत ब्याज देता है?"

"धन का निवेश करने के कई अन्य स्थान हैं, परंतु सिर्फ़ बचत करने से ही काम नहीं चलेगा। इसके लिए तुम्हें आगे बढ़ना होगा। अगर तुम यह चाहते हो कि तुम्हारा धन और ज़्यादा धन कमाए, तो तुम निवेश की तैयारी शुरू कर दो।"

"अरे नहीं..." सैम पीछे टिककर बैठ गया। "मैंने कुछ साल पहले निवेश किया था। लेकिन मुझे फ़ायदे के बजाय बहुत नुक़सान हुआ। व्यापारियों ने मुझसे वादा किया था कि मुझे बहुत फ़ायदा होगा और मैंने उन पर भरोसा कर लिया। परंतु मैंने जिन व्यवसायों में निवेश किया था, वे असफल हो गए और इस कारण मेरा निवेश भी डूब गया।"

"मैं समझता हूँ," ज्यॉफ़्री ने इतने धीमे से कहा कि सैम को कान लगाकर सुनना पड़ा। "परंतु निवेश करने के ऐसे कई तरीक़े हैं, जिनमें जोखिम नहीं है और जिनमें निवेश करना ग़लत भी नहीं है। धन से काम कैसे करवाया जाए और अधिक धन कैसे कमाया जाए, यह जानना मेरा काम है। मैं तुम्हें मार्गदर्शन दूँगा। तुम यह तो मानते हो कि तुमने भविष्य के लिए जो बचाया है, उसे सुरक्षित रखना चाहिए?"

"हाँ!" सैम ने जवाब दिया।

"और तुम जानते हो कि अच्छी तरह से निवेश किया धन तुम्हारे धन को बढ़ने और तुम्हारे लिए काम करने की अनुमति देगा।"

सैम सोच-विचार करते हुए चाय पीने लगा। फिर उसने ऊपर

देखा और अपना सिर हिलाया, "मुझे इसका भरोसा नहीं है। या इसके बजाय मुझे कहना चाहिए कि मुझे नहीं लगता कि मुझे इन मामलों में उलझने की ज़रूरत है। मैं लोभी नहीं हूँ।"

इस पर ज्यॉफ़्री पीछे टिककर बैठ गया, सैम की तरफ़ गर्मजोशी से मुस्कराया और फिर हँसने लगा, जिससे सैम को हैरानी हुई। उसने पहले कभी ज्यॉफ़्री को हँसते नहीं देखा था।

"ज़्यादा लाभ कमाने और अपनी दौलत को सुरक्षित रखने या बढ़ाने से तुम लोभी नहीं बन जाते हो। मैं तुम पर नहीं, बल्कि शायद अपने आप पर हँस रहा हूँ। तुम्हारी दौलत को सुरक्षित रखने या बढ़ाने के लिए अधिक लाभ चाहना लोभपूर्ण काम नहीं है। लोभ उद्देश्य से उत्पन्न होता है। अगर तुम किसी दिन मार्था को शिक्षक बनाने के लिए स्कूल भेजना चाहो और अगर तुम इस काम के लिए अपनी बचत पर अधिक लाभ कमाना चाहो, तो क्या यह लोभ है?"

"नहीं... मुझे नहीं लगता," सैम ने कहा।

"अगर तुम्हें यह एहसास हो कि तुम्हारी मृत्यु के बाद सूज़ेट तुम्हारी बचत पर गुज़ारा नहीं कर पाएगी - और इसलिए तुम अपनी दौलत बढ़ाने के लिए इसका निवेश करने का फ़ैसला करते हो, तो क्या तुम लोभी हो?"

सैम की त्योरियाँ चढ़ गईं, "अगर निवेश सही हो, तो शायद ऐसा करना लोभपूर्ण नहीं, बल्कि उचित होगा।"

"सैम, मैं जानता हूँ कि तुम लोभी नहीं हो। अगर तुम लोभी होते, तो मैं तुम्हारे साथ बैठकर चाय नहीं पी रहा होता और तुम्हारी कम होती बचत को सुरक्षित रखने की सलाह नहीं दे रहा होता। लोभी व्यक्ति मुझसे बर्दाश्त नहीं होते हैं। शायद इसलिए, क्योंकि एक समय ऐसा था, जब मैं पूरे शहर का सबसे लोभी व्यक्ति था।" ज्यॉफ़्री अपनी चाय पीने के लिए रुका और फिर अपनी कहानी बताने लगा।

उसने बताया कि युवावस्था में सैम की ही तरह उसके पास भी सीमित संसाधन परंतु बड़े सपने थे। कम उम्र में ही उसने धन संबंधी मामलों में महारत हासिल कर ली थी। फिर उसने इस प्रतिभा का भरपूर

दोहन किया। वह एक नज़र में ही समझ जाता था कि कौन से लोग, कौन से सामान, कौन से व्यवसाय सफल होंगे या असफल होंगे। फिर वह उन व्यवसायों में पैसा लगाने लगा, जिनमें उसे सफलता की संभावना दिखती थी। जब उसे लाभ होने लगा, तो वह रोमांचित हो गया। जल्दी ही वह फ़ीस लेकर दूसरों को निवेश संबंधी सलाह देने लगा।

दौलत बढ़ाना उसका जुनून बन गया। वह हर पल विभिन्न बाज़ारों के अध्ययन और उनके ग्राफ़ बनाने में जुटा रहता था। गेहूँ, मुर्गों, ऊन आदि की क़ीमतों में गहरी दिलचस्पी के अलावा वह प्राकृतिक संसार के विशेषज्ञों से भी जानकारी लेता था। मौसम, तापमान, सितारे, टिड्डों की संख्या, पेड़ों का कटना... इन सब बातों का अंततः फ़सलों और लोगों की ज़रूरतों पर प्रभाव पड़ता था। उसने इन सबका अध्ययन किया। उसने राजा की परियोजनाओं का अध्ययन किया, शाही दरबार की इच्छाओं और ज़रूरतों का अध्ययन किया और इस बात का भी अनुमान लगाया कि कितने कर लगाए जाएँगे। उसने पाया कि हर चीज़ सामानों की क़ीमतों और मूल्य को प्रभावित करती थी। और ज्यॉफ़्री पूरे देश में निवेश का सबसे चतुर प्रेक्षक, विद्यार्थी और सलाहकार था।

जब राज्य के दूरस्थ इलाक़े के जंगल में आग लगी, तो उसने अगले मौसम में ज़्यादा क़ीमत पर बेचने के लिए स्थानीय लकड़ी अपने गोदाम में भर ली। जब राजा ने नई सड़कें बनाने के लिए टैक्स दोगुने कर दिए, तो ज्यॉफ़्री ने नए आभूषण के व्यापार से अपना पैसा निकाल लिया। इसके बाद उसने अपना पिछला दरवाज़ा खोल लिया, ताकि धन की ज़रूरत वाले लोगों से रत्न, सोना और चाँदी ख़रीद सके। ये क़ीमती सामान उसने दूसरे देश में भिजवा दिए, ताकि ज़्यादा मुनाफ़ा हो सके। यह सब क़ानूनी था। यह सब व्यापार था। और उसका व्यवसाय धन कमा रहा था - ताकि उससे अधिक धन कमाया जा सके। यह काम बेशक किया जा सकता था और अच्छी तरह से किया जा सकता था।

बैंक वाले भी ज्यॉफ़्री से सलाह लेने आने लगे। कुछ समय बाद ज्यॉफ़्री को यह एहसास हुआ कि अपने ज्ञान, योजनाओं या कामों के बारे में अगर वह लोगों को न बताए, तो उसे ज़्यादा लाभ होगा। इसके बजाय वह अपने व्यवसाय के शेयर जारी करने लगा। ज्यॉफ़्री 12 प्रतिशत

कमाता था और 8 प्रतिशत उन लोगों को दे देता था, जिन्होंने उसके व्यवसाय में धन लगाया था। उसकी संपत्ति और दौलत लगातार तेज़ी से बढ़ती रही।

जब बाज़ार में अवसर कम होने लगे, तो वह गिरवी रखकर उन व्यवसायों के लिए धन उधार देने लगा, जिनकी असफलता का उसे विश्वास था। बहरहाल, वह इस बारे में चिंतित नहीं था कि इसका लोगों पर क्या असर होगा। उसका ध्यान तो इस तरफ़ था कि जब तक कर्ज़ नहीं डूबेगा, तब तक उसे ब्याज मिलता रहेगा। फिर जब उधार लेने वाला दिवालिया हो जाएगा, तो ज्यॉफ़्री उसकी गिरवी रखी चीज़ का मालिक बन जाएगा, जो उसे बहुत कम दामों पर मिल जाएगी। उसका लक्ष्य पैसे कमाना था - और यह लक्ष्य पूरा हो रहा था। वह लोभ के जाल में फँस चुका था, इसलिए वह कोई सच्चा या स्थायी जीवनमूल्य उत्पन्न नहीं कर पाया।

ज्यॉफ़्री ने कहा, "पच्चीस साल तक मैंने बहुत दौलत कमाई, लेकिन मैं भीतर से खोखला हो चुका था, मुझमें अब प्रबल इच्छा नहीं बची थी। मैं ज़िंदगी से ऊब चुका था। अपने खोखलेपन को भरने की कोशिश में मैं बहुत ज़्यादा ब्याज दर पर पैसे देने लगा। मैं उधार लेने वालों के उद्देश्यों के बारे में बहुत कम परवाह करता था या इस बारे में कि उनके पास चुकाने के साधन थे भी या नहीं। मैं गले तक कर्ज़ में डूबे लोगों को भी बिना सोचे एक के बाद एक कर्ज़ देता जाता था।" ज्यॉफ़्री ठहरा और उसने विनम्रता से सैम की तरफ़ देखा। "मैंने तुम्हें मिलर स्ट्रीट के मकान के लिए कर्ज़ दिया था - वह पाँच साल पहले की बात है। बहुत लंबा समय बीत चुका है। मैं जानता था कि तुम कर्ज़ में सिर तक डूबे हो, परंतु मैंने बड़ी मॉर्टगेज़ रख दी...। मैं आज ऐसा नहीं कर सकता।"

सैम मंत्रमुग्ध होकर सुनता रहा। वह जानता था कि ज्यॉफ़्री दौलतमंद था, क्योंकि वह धन उधार देता था। परंतु फिर उसने सोचा कि उसका घर इतना छोटा क्यों है। झिझकते हुए उसने पूछा, "क्या आपने... सारा धन गँवा दिया? मेरा मतलब है... क्या बदला है?"

"मैं मेनरो नाम के आदमी से मिला।"

"मैं उसे जानता हूँ!" सैम ने तनकर बैठते हुए कहा। "मैं जब अठारह साल पहले पहली बार शहर आया था, तब मैं उसके अस्तबल में रुका था। और पिछले साल मैंने उसे शहर में देखा था। उसने..." सैम ने विचार किया। "उसने मुझे मैगोविन से मिलने की सलाह दी थी। मैं आपसे मिलने आ रहा था..."

"मेनरो थोड़ा कम मिलनसार है," ज्यॉफ़्री मुस्कराया। "शहर में कम ही रहता है। पहले तो मुझे वह तंगहाल लगा। वह दूसरों के कर्ज़ की क़िस्तों का भुगतान करने के लिए मेरे पास आता था और एक साथ कई ख़ातों के ब्याज देता था। मैंने यह सोचा कि वह किसी तरह का एजेंट है - शायद बिचौलिया है - शायद उस समय उधार देता है, जब क़िस्त का भुगतान नहीं हो पाता है। मैंने उसे नज़रअंदाज़ कर दिया, जब तक कि मुझे यह पता नहीं चला कि वह बिचौलिया नहीं था। मैंने जाना कि वह इस दौरान लोगों की मदद कर रहा है, ताकि वे अपने आर्थिक दायित्वों को पूरा कर सकें। मैंने सोचा कि वह एक दयालु और मूर्ख व्यक्ति होगा, जो दान देकर दूसरों का कर्ज़ चुका रहा है। जब वह एक दिन आया, तो मैंने उससे पूछा कि वह अपने धन से दूसरों के कर्ज़ क्यों चुका रहा है। उसका उद्देश्य क्या है? उसके जवाब से मैं स्तब्ध रह गया। उसने कहा कि वह ऐसा कुछ नहीं कर रहा है और यह पैसा सचमुच उधार लेने वालों ने ही उसे दिया है। वह उनसे महीने में दो बार सामूहिक रूप से मिलता था, उनमें चर्चा होती थी और फिर वह मेरे पास लाने के लिए उनसे धन इकट्ठा करता था, ताकि उन्हें सुविधा हो जाए। उसने कहा कि वे लोग उसके विद्यार्थी हैं। वह उन्हें समृद्धि की राह पर चलना सिखा रहा है - बजट बनाना, बचत करना और निवेश करना। वह कर्ज़ चुकाने के अनुशासन के बारे में उन्हें मार्गदर्शन दे रहा था। उसने बताया कि कइयों ने दूसरी नौकरी कर ली थी। कुछ ने अपना सामान बेच दिया था। परंतु सब अपना कर्ज़ पूरा करने के लिए कृतसंकल्प थे, यहाँ तक कि ज़रूरत पड़ने पर वे गिरवी रखी चीज़ भी देने को तैयार थे।

"फिर मैंने पूछा, 'लेकिन आप यह क्यों करते हैं?' उसने जवाब दिया, 'क्योंकि मैं उनसे प्रेम करता हूँ, ईश्वर उनसे प्रेम करता है और

उन्हें मदद की ज़रूरत है। ये ईमानदार लोग अब शहर के सबसे समृद्ध लोगों में से एक हैं। उनसे इस शहर को बहुत लाभ होगा।'

"जब मेनरो ने मुझसे यह कहा, तो मैंने उसे घूरा। फिर मुझसे यह कहे बिना नहीं रहा गया, 'ये लोग दौलतमंद नहीं हैं। वे छोटे घरों में रहते हैं और बाज़ार में बहुत कम कमा पाते हैं। मेनरो, मैं देश के सबसे दौलतमंद लोगों में से एक हूँ और इन लोगों में से किसी के पास भी मेरी पाँच प्रतिशत संपत्ति तक नहीं है।'

"लेकिन उसने मुझसे साफ़ कह दिया, 'नहीं, ज्यॉफ़्री। तुम शहर के सबसे ग़रीब लोगों में से एक हो। तुम्हारा दिल खोखला है।' मैं उस पर हँस सकता था और उसे उसके तथाकथित विद्यार्थियों के पास वापस जाने के लिए कह सकता था, परंतु मैंने ऐसा नहीं किया। उसने मुझसे इतनी करुणा, सच्ची चिंता और सच्चे ज्ञान से बातें कीं कि मैंने... मैंने उससे पूछा कि उसका क्या मतलब था... और मुझे तुम्हें बताने की ज़रूरत नहीं है? तुम जानते हो कि उसका क्या मतलब था।"

सैम ने सुना और हैरान रह गया, "आप उस एक बातचीत की वजह से बदल गए?"

ज्यॉफ़्री फिर हँसा, "नहीं, नहीं। पूरे एक साल तक मेनरो मुझे समझाता रहा - जब भी वह भुगतान लेकर आता था। मेनरो के माध्यम से मैं भी मैगोविन और पादरी राइट को जानने लगा। हालाँकि मैं उन्हें पहले से जानता था, परंतु पहले मेरी उनसे मित्रता नहीं थी और निश्चित रूप से वे पहले कभी मेरे सलाहकार नहीं थे। धीरे-धीरे मुझे मेरी अंतरात्मा की आवाज़ सुनाई दी। पहले इसे मेरे दिल ने और फिर मेरे मस्तिष्क ने सुना। लेकिन मैं एक बहुत सख़्त पत्थर था। यह मानना मुश्किल था कि मेरी प्रतिभा दूसरों की सेवा में लगना चाहिए! यह समझना मुश्किल था कि मेरी ज़िंदगी और मेरे ज्ञान के लिए ईश्वर की कोई योजना थी? यह एहसास करना मुश्किल था कि मैं सिर्फ़ अपनी सेवा करके अपना क़ीमती समय और धन बर्बाद कर रहा था? मैं यह कैसे कर सकता था?

"मुझमें आस्था है कि जो लोग दिव्य प्रकाश से चमकने वाली राह

पर चलने के इच्छुक हैं, वे सचमुच ज़िंदगी में भव्य समृद्धि और सार्थकता पा लेंगे। क्योंकि कोई भी मुझसे ज़्यादा नहीं जानता है कि पहले ही नियम - अपने जीवन को ईश्वर के हाथों में रखना - का पालन करना कितना मुश्किल था। और फिर एक-एक करके हर नियम के सत्य का सामना करना। मेरी ईश्वर-प्रदत्त प्रतिभा सातवें यानी अंतिम नियम के अंतर्गत आती थीं, लेकिन मैं उसका तब तक सही उपयोग नहीं कर सकता था, जब तक कि पूरी तस्वीर को समझने के लिए हर क़दम न उठा लूँ। मैं अब ईश्वर के साथ चलता हूँ, सैम। अब मैं पहले जैसा नहीं रहा हूँ।

"अब मैं यहाँ पर तुम्हारी सेवा के लिए हूँ। और तुम्हारे पास बहुत मूल्यवान चीज़ है, जिसे संरक्षित और सुरक्षित रखने की ज़रूरत है। अगर तुम इसे नज़रअंदाज़ करते हो, तो तुम सातवें नियम को नज़रअंदाज़ करते हो - संरक्षण का नियम।"

"तो..." सैम बहुत सावधानी से बोला, "आप अब भी धन उधार देते हैं और निवेश करते हैं?"

"ज़ाहिर है। यह मेरा पेशा है - मेरी सेवा है। मेरी प्रतिभा मेरे खोखलेपन का स्रोत नहीं थी। सिर्फ़ मेरा उद्देश्य ग़लत था - धन का लोभ। अब मैं अपनी प्रतिभा का प्रयोग सिर्फ़ अच्छे निवेश करने और निवेश की सही सलाह देने के लिए करता हूँ। अब मैं सिर्फ़ वहीं निवेश करता हूँ, जहाँ सचमुच निवेश की ज़रूरत होती है। मैं उन व्यवसायों को शुरू करने के लिए निवेश करता हूँ, जो अच्छे इरादे से किए जाते हैं और जिनसे नए मालिक तथा दूसरों को लाभ पहुँचने की संभावना होती है। अब मैं शहर में सबसे कम दर पर ब्याज देता हूँ और सिर्फ़ उन्हीं को देता हूँ, जो सचमुच इसके क़ाबिल हैं - अगर मुझे लगता है कि उधार लेने वाले को कर्ज़ चुकाने में मुश्किल होगी, तो मैं उसे कर्ज़ के जाल में फँसाकर उसका नुक़सान नहीं करता हूँ। मैं कर्ज़ के हर प्रस्ताव पर विचार करता हूँ - जिनमें से ज़्यादातर मकानों या गाड़ियों के लिए होते हैं - और फ़ैसला करता हूँ कि वह कर्ज़ उस व्यक्ति के लिए अच्छा है या नहीं। मैं जितनों को कर्ज़ देता हूँ, उनसे ज़्यादा को इंकार कर देता हूँ। जो ब्याज मैं कमाता हूँ, वह उस कोष में चला जाता है, जो बिज़नेस

शुरू करने या मकान ख़रीदने में दूसरों की मदद करता है। यह धन का ऐसा चक्र है, जो निरंतर चलता रहता है। धन भी काम में जुटा रहता है। मेरे लाभ से मैं जो चाहता हूँ, वह करता हूँ। मैं उदारतापूर्वक दान देता हूँ, बचत करता हूँ और बजट बनाता हूँ। चूँकि मेरी बचत किसी भी आपातकालीन स्थिति या अल्पकालीन आवश्यकताओं के लिए पर्याप्त है, इसलिए मैं कई बाज़ारों और योजनाओं में निवेश करता हूँ। मैं अब उतना नहीं कमाता हूँ, जितना पहले कमाता था, परंतु मेरे पास काफ़ी दौलत है, जिसका मैं पोषण और संरक्षण करता हूँ। आर्थिक ऊर्जा के इस स्रोत के बारे में मेरी रोमांचक योजनाएँ हैं।"

सैम ने देखा कि ज्यॉफ़्री की आँखें चमक रही थीं, "आप सातवें नियम के बारे में बातें कर रहे हैं। मैं इंतज़ार कर रहा था कि मैगोविन मुझे यह नियम अपनी दुकान में बुलाकर बताएगा या फिर पादरी राइट इसे बताएँगे...।"

"तुम इस पर अमल करने के लिए तैयार हो, और मैं स्वयं को सम्मानित समझूँगा, अगर तुम इसके सिद्धांतों में मेरा मार्गदर्शन लो।"

सैम ने गहरी साँस खींची, "यह आख़िरी नियम क्या है?"

"यह इस प्रकार है। इसे अच्छी तरह सुनो और समझो। तुम तब तक सर्वश्रेष्ठ समृद्धि हासिल नहीं कर सकते, जब तक कि तुम संरक्षण के महत्वपूर्ण काम को समझ न लो और कर न लो। तुम्हें अपने स्वास्थ्य, अपने संबंधों, अपने समुदाय की सभी कल्याणकारी चीज़ों, अपने व्यवसाय की अखंडता, ईश्वर की धरती की सुंदरता व संसाधन और अपनी धार्मिक आस्था व परंपराओं का मूल्य समझना चाहिए एवं उनका संरक्षण करना चाहिए। जिस मूल्यवान वस्तु का तुम संरक्षण नहीं करोगे, वह धीरे-धीरे कम होती जाएगी - तुम्हारे बाद आने वालों के लिए बहुत कम बचेगा। सातवाँ नियम संरक्षण का नियम है। यह वह नियम है, जो तुम्हारे धन की शक्ति और उपयोगिता को संरक्षित करने - इसका निवेश करने - का आह्वान करता है।

"जो धन इकट्ठा किया जाता है, उसका सिर्फ़ एक उद्देश्य होता है - तात्कालिक, अप्रत्याशित आवश्यकताओं की पूर्ति का अल्पकालीन

स्रोत। यह सचमुच संरक्षित नहीं है क्योंकि इसका मूल्य समय के साथ कम होता जाता है। इसलिए अल्पकालीन आवश्यकताओं के लिए जितना धन ज़रूरी है, उससे ज़्यादा धन को अनुपयोगी रखना उस धन का ग़लत इस्तेमाल और संरक्षण है। इससे सिर्फ़ तुम्हारी संग्रह की इच्छा पूरी होती है, जो डर की वजह से उत्पन्न होती है। इससे किसी दूसरे को कोई लाभ नहीं होता है - तुम्हारे सपनों को भी नहीं। इससे किसी नए व्यवसाय को लाभ नहीं होता है, जिसे अपने पैरों पर खड़े होने के लिए धन की ज़रूरत होती है। इससे किसी शोध योजना को भी लाभ नहीं होता है। इससे धन का प्रवाह अवरुद्ध होता है और यह तुम्हारी भावी संभावनाओं, क्षमताओं तथा उदारता को भी नहीं बढ़ने देता है।

"यह नियम बताता है कि हमें अपने धन को बहुत गंभीरता से लेना चाहिए - इसे संरक्षित रखना चाहिए। इस पर बैठना नहीं चाहिए, इसके साथ मूर्खतावश जुआ नहीं खेलना चाहिए, बल्कि आस्था और समझदारी के साथ इसका ऐसी जगह निवेश करना चाहिए, जहाँ यह बढ़ सके। इस तरीक़े से हम इसे सक्रिय बनाए रखते हैं - हम इसे काम करने की अनुमति देते हैं। तुम इस नियम को नज़रअंदाज़ कर सकते हो, निवेश को लोभी कार्य कहकर ठुकरा सकते हो और संभवतः बुढ़ापे तक एक लाख स्वर्ण मुद्राएँ इकट्ठी कर सकते हो। या तुम इस नियम का इस्तेमाल करके तीन लाख स्वर्ण मुद्राएँ हासिल कर सकते हो - जो तुम अपने बच्चों के लिए छोड़ सकते हो... या अगर तुम्हारी इच्छा हो, तो दान कर सकते हो... या अपने अगले सपने के लिए इस धनराशि का इस्तेमाल कर सकते हो - क्योंकि तुम कभी सपने देखना बंद नहीं करोगे, सैम।"

"लेकिन मैं निवेश के बारे में कुछ भी नहीं जानता हूँ..."

"तुम समय के साथ सीख जाओगे। तुम्हें अपने निवेशों की देखभाल और प्रबंधन करने की आदत पड़ जाएगी। लेकिन शुरुआत में तुम्हें दरअसल बहुत थोड़े की ज़रूरत है।"

"मुझे किस चीज़ की ज़रूरत है?"

ज्यॉफ़्री मुस्कराया, "तुम्हें बैंक में ज़रूरत से ज़्यादा बचत की

ज़रूरत है - जो तुम्हारे पास है। तुम्हें समय तय करने की ज़रूरत है, जब तुम और सूज़ेट दोनों किसी सलाहकार से मिल सको। और तुम्हें एक सलाहकार की ज़रूरत होगी... जो तुम्हारे पास है, बशर्ते तुम मेरा मार्गदर्शन स्वीकार करो।"

"हाँ, बिलकुल! हम आपसे जल्दी ही मिलेंगे! दरअसल यह बहुत रोमांचक है, है ना? मैं निवेशक बन जाऊँगा - और इस बार मैं समझदार निवेशक बनूँगा! दौलतमंद आदमी की तरह!"

"तुम दौलतमंद हो, सैम! बहुत दौलतमंद। परंतु सूज़ेट के साथ बात करने के लिए घर जाने से पहले हमें यह चाय ख़त्म कर लेना चाहिए। आख़िर," ज्यॉफ़्री ने आँख मारते हुए कहा, "मैंने एक पौंड चाय के लिए सत्रह सिक्के ख़र्च किए हैं!"

...

"मैगोविन तुम्हें देखकर ऐसा लगता है, जैसे तुमने पाककला में निपुण किसी महिला से शादी कर ली है," सैम मोची की दुकान में अंदर गया और अपने शिक्षक को गले लगा लिया।

"हा-हा, मेरे मित्र! तुम्हारी आँखों में शरारत भरी चमक है। कहाँ से आ रहे हो - पादरी राइट से बातचीत करके? ज़रा ठहरो... कहीं तुम मुझे कविता सुनाने तो नहीं आए हो?" मैगोविन पीछे हटा और अपने चश्मे के ऊपर से सैम को घूरा।

"मैं वह काम पादरी राइट को ही करने देता हूँ," सैम हँसा। "नहीं, मैं चर्च से नहीं आ रहा हूँ। मैं तो ज्यॉफ़्री के यहाँ से आ रहा हूँ।"

"अच्छा, मेरा धीमा बोलने वाला मित्र... वह भूल जाता है कि मुझे कम सुनाई देता है, लेकिन फिर भी मैं उससे प्रेम करता हूँ।"

"वह धीमी आवाज़ में बोलता है, लेकिन मैंने उसका कहा हर शब्द सुना। वह सूज़ेट और मुझे सलाह देने वाला है कि हम अपनी अतिरिक्त बचत का निवेश कैसे करें!"

"अच्छा! वह संरक्षणवादी!" मैगोविन के ख़ुशनुमा चेहरे पर एक मुस्कान खिल गई, जब उसने सैम की पीठ पर धौल जमाई। "तुम तरक्की करोगे! तुम सचमुच अपने धन को बढ़ते देखने का आनंद लोगे!

लेकिन इस सातवें नियम में सिर्फ़ अपने धन को संरक्षित करना ही शामिल नहीं है, इसमें और भी बहुत कुछ है। तुम यह जानते हो, है ना?"

"मुझे लगता है..." सैम ने शुरू किया।

"समय के साथ, समय के साथ - ईश्वर तुम्हें जान लेने देगा। अपने दिल की आवाज़ सुनो और फिर तुम जान जाओगे कि तुम्हें भावी पीढ़ियों के लिए क्या छोड़ना है।"

"इतने बड़े शब्द, मैगोविन! निश्चित रूप से मेरे जैसा आदमी -"

"तुम्हारे जैसा आदमी..." मैगोविन ने सैम को बहुत प्रेम से देखते हुए कहा, "तुम्हारे जैसा आदमी एक ऐसी राह छोड़ सकता है, जो बहुत से लोगों को आशा दे सकती है - तुममें आस्था होना चाहिए, सैम। तुममें आस्था होना चाहिए।"

...

जैसे ही सैम घर के अंदर घुसा, सूज़ेट ने चिल्लाकर कहा, "सैम, मेरे पास एक बहुत बढ़िया ख़बर है!"

"मैं भी एक अद्भुत ख़बर लाया हूँ," सैम ने तेज़ी से साँस लेते हुए कहा, "परंतु मैं तुम्हारी ख़बर पहले सुनूँगा। क्या ख़बर है?"

"मुझे एक एप्रेंटिस मिल गई है!"

सैम ठहरा, "एप्रेंटिस?"

"हाँ, सैम। मैं प्रार्थना कर रही थी कि मुझे अच्छी एप्रेंटिस मिल जाए। उसके माता-पिता नदी के उत्तरी मोड़ पर मिल चलाते हैं।"

"मैं उन्हें जानता हूँ। वे अच्छे लोग हैं। और यह लड़की...?"

"नेटा। वह अभी सिर्फ़ तेरह साल की है सैम, लेकिन उसकी माँ ने मुझे उसका कढ़ाई का काम दिखाया और उसे देखकर... उसे देखकर मेरी आँखों में आँसू आ गए। हर धागा... हर डिज़ाइन... इतनी कम उम्र में...।" सूज़ेट अपने रोमांच को शांत करने के लिए ठहरी। "और वह मुझसे सीखना चाहती है, सैम। उसकी माँ यह पूछने आई थी कि क्या मैं उसकी बेटी को सिखाऊँगी। पहले तो मैं झिझकी, परंतु फिर उसने मुझे

उसकी सिलाई-कढ़ाई का नमूना दिखाया। उसे देखते ही मैं तत्काल समझ गई कि मुझे अपनी प्रार्थनाओं का जवाब मिल गया है।"

"तुम इसके लिए प्रार्थना कर रही थीं? और तुम कहती हो कि *मैं* ही चीज़ें छुपाता हूँ!" सैम मुस्कराया और उसने अपनी ख़ुश पत्नी को गले लगा लिया।

"मैं जानती हूँ सैम, परंतु हम दोनों ही इतने व्यस्त थे और यह इच्छा - यह सपना कि मैं अपने विचार, अपनी कला के प्रति प्रेम और सम्मान भावी पीढ़ियों को दूँ...। मैं - मैं इसे ख़ुद को ही नहीं बता सकती थी, हालाँकि मेरी बहुत इच्छा होती थी। हालाँकि मुझे इसकी काफ़ी उम्मीद थी, लेकिन मुझे नहीं लगता कि हमारी बेटियाँ इस काम को आगे बढ़ा पाएँगी। वे सिलाई-कढ़ाई में निपुण तो होंगी, यह बात तो तय है, परंतु यह उनका जुनून नहीं है। मार्था अध्यापिका है, मैं यह बात जानती हूँ। लिज़ी बगीचे में बाहर रहकर चीज़ों को बढ़ते देखना पसंद करती है और मैरी... वह तो एक चिंतक है। मुझे नहीं पता कि ईश्वर ने उसके लिए क्या योजना बनाई है, लेकिन वह अपनी तर्कशक्ति से लोगों की मदद करेगी। तुम जानते हो कि मैं जो बनाती हूँ, उसकी गुणवत्ता और प्रेम के बारे में मैं कैसा महसूस करती हूँ। और अब... अब मैं एक बहुत योग्य युवती को प्रशिक्षण दूँगी। मैं उसे अपने विचार और अपने विश्वास बताऊँगी - और मैं उसे बताऊँगी कि योग्यता ही काफ़ी नहीं है, प्रेम जोड़ना भी ज़रूरी है। मैं जो काम करती हूँ... जीवन में मैंने जो छोटा सा काम चुना है... वह मेरे बाद भी चलता रहेगा। वह चलता रहेगा!" सूज़ेट की आँखें नम हो गईं।

सैम ने समझ के साथ मुस्कराते हुए सुना, "यह बहुत ही अद्भुत ख़बर है।"

"लेकिन सैम, इसका मतलब यह होगा कि शुरुआत में मेरा मुनाफ़ा कम हो जाएगा। मुझे नेटा को थोड़ा-बहुत मेहनताना भी देना पड़ेगा - ज़्यादा नहीं, परंतु कुछ तो देना ही पड़ेगा - और उसे सिखाने में मुझे समय भी देना पड़ेगा। इससे मेरे काम की गति धीमी हो जाएगी और कुछ समय बाद ही मैं उसे वास्तविक काम सौंप पाऊँगी। परंतु आगे चलकर हम ज़्यादा

ऑर्डर ले सकेंगे तथा नेटा और मैं मिलकर यह बिज़नेस बनाएँगे। वह हर चीज़ सीखेगी - हिसाब रखना, ग्राहकों से बातें करना, ख़रीदना... ओह सैम, मैंने बहुत समय से इसका सपना देखा था!"

"पैसे के बारे में मत सोचो, सूज़ेट। हमने इससे कम पर गुज़ारा किया है, इसलिए हम जानते हैं कि हम कुछ भी कर सकते हैं! इसके अलावा, अब मेरी कमाई बढ़ गई है और मेरा भविष्य ज़्यादा उज्ज्वल दिख रहा है। यह एक अच्छा काम है। मुझे तुम्हारे निर्णयों और सपनों में पूरी आस्था है। ईश्वर मुस्करा रहा है और उसने तुम्हें यह आशीर्वाद दिया है।"

"इतनी सारी योजनाएँ बनाना हैं! मुझे नेटा के लिए एक जगह तैयार करना पड़ेगी... कमरा बहुत छोटा है... लेकिन हम काम चला लेंगे... ओह सैम - तुमने कहा था कि तुम भी मुझे कुछ बताना चाहते हो! माफ़ करना! तुम्हारी ख़बर क्या है?"

"यह तुम्हारी ख़बर जितनी रोमांचक तो नहीं है, परंतु... ज्यॉफ़्री ने कहा है कि हम उसके साथ बैठकर यह योजना बनाएँ कि हम अपनी बचत का निवेश कैसे करेंगे।"

सूज़ेट ने सैम को घूरा, "निवेश? ओह सैम। मुझे नहीं लगता कि हमें अपनी बचत के निवेश का जोखिम लेना चाहिए। अगर हमारा धन डूब गया, तो क्या होगा? क्या हम इसी तरह से नहीं रह सकते?"

"फिर हमारा धन कभी नहीं बढ़ पाएगा, सूज़ेट। यह पिछली बार की तरह नहीं होगा। मैं जोखिम भरे व्यवसायों में निवेश नहीं करूँगा। अब मेरे मन में धन के प्रति अधिक सम्मान है। लेकिन हमें इसे सक्रिय रखने की ज़रूरत है। हमें ऐसा करना ही होगा, वरना यह बैंक में पड़ा रहेगा और इससे किसी को लाभ नहीं होगा, हमें भी नहीं। हम उन निवेशों में हाथ नहीं डालेंगे, जिनके बारे में हम दोनों सहमत न हों। और ज्यॉफ़्री भी हमारी मदद करेगा। वह हमें सलाह देगा।"

"ज्यॉफ़्री? लेकिन वह तो ज़रूरतमंद लोगों को धन उधार देता है! हम उस पर यह भरोसा कैसे कर सकते हैं कि वह कर्ज़ से *मुक्त* रहने में हमारी सचमुच मदद करेगा?"

सैम मुस्कराया और फिर उसने ज्यॉफ़्री की सारी बातें सूज़ेट को बता दीं।

सूज़ेट ने पूरी बात सुनी और अंत में धीमे से कहा, "सबसे पहले तो हम प्रार्थना करते हैं और ईश्वर को इन नए वरदानों के लिए धन्यवाद देते हैं। फिर हम यह फ़ैसला करते हैं कि हम ज्यॉफ़्री से मिलने कब जाएँगे।"

...

ज्यॉफ़्री के मार्गदर्शन में सैम और सूज़ेट का धन उनके शहर, उनके इलाक़े और पूरे राज्य के व्यवसाय में लगने लगा।

उन्होंने बैंक में 3,600 स्वर्ण मुद्राएँ रखीं - जो छह महीने की आवश्यकताओं को पूरा करने के लिए पर्याप्त थीं, जैसा ज्यॉफ़्री ने सलाह दी थी। बची हुई 400 स्वर्ण मुद्राओं को उन्होंने ज्यॉफ़्री को चार अलग-अलग निवेशों में लगाने के लिए दे दिया - सवालों, जवाबों और सलाह के लंबे सत्र के बाद।

सूज़ेट ने पूछा था, "चार जगह निवेश क्यों करें?"

"क्या तुम पूरे साल सिर्फ़ एक ही ग्राहक के ऑर्डर पर भरोसा करना चाहोगी, सूज़ेट?"

"नहीं। बिलकुल नहीं। मुझे बहुत से ग्राहकों की ज़रूरत होगी, ताकि मेरे पास लगातार काम रहे।"

"यही बात यहाँ भी सच है। ऐसे समय आएँगे, जब एक बाज़ार या धन के स्रोत से कम लाभ होगा, लेकिन दूसरे ज़्यादा लाभ दे रहे होंगे। अलग-अलग बाज़ारों में धन लगाने से आपका धन सुरक्षित रहता है। डाइवर्सिटी (कई व्यवसायों में निवेश करना) अपने निवेशों के साथ शांति से रहने की कुंजी है।"

सैम और सूज़ेट ने सीखा कि निवेश के बहुत से विकल्प होते हैं, जिनमें जोखिम और कमाई की अलग-अलग संभावना है। "मैं इस फ़ंड की सलाह देता हूँ," ज्यॉफ़्री ने कहा, "जो किराने में निवेश करता है - यह बाक़ी की तुलना में धीमे-धीमे बढ़ता है, परंतु हर तीन महीने में यह तुम्हें डिविडेन्ड देगा - लाभ का छोटा हिस्सा - काफ़ी हद तक बैंक के

ब्याज की तरह।"

सैम और सूज़ेट ने कहा, "अद्‌भुत! तो हमें इससे आमदनी होगी?"

ज्यॉफ़्री ने अपना हाथ उठाया, "हाँ, परंतु समझदारी भरी योजना यह है कि आप इस छोटे डिविडेन्ड का दोबारा निवेश कर दें। इस तरह आप आगे चलकर अपने डिविडेन्ड पर भी डिविडेन्ड कमाएँगे - आपकी आमदनी चक्रवृद्धि के हिसाब से बढ़ेगी और आपको ज़्यादा लाभ होगा। इसके अलावा," ज्यॉफ़्री मुस्कराया, "इन डिविडेन्ड्स के प्रति यही अनुशासित नीति है। जब तक कि आपको अपने निवेशों से आमदनी की ज़रूरत न हो, तब तक उनका दोबारा निवेश क्यों न कर दिया जाए?"

और उन्होंने ऐसा ही किया। आपातकालीन स्थितियों और अप्रत्याशित ख़र्च के लिए हर सप्ताह वे अपनी 20 प्रतिशत आमदनी बैंक में जमा कर देते थे। फिर हर महीने के अंत में वे बैंक में 3,600 स्वर्ण मुद्राएँ छोड़कर बाक़ी बची स्वर्ण मुद्राओं को निकालकर ज्यॉफ़्री के पास ले जाते थे और अपने चार निवेशों में उनका निवेश कर देते थे। हर तीन महीने बाद उन्हें जो डिविडेन्ड मिलता था, उसका भी वे दोबारा निवेश कर देते थे। धीरे-धीरे उनका धन बढ़ने लगा - और अन्य व्यवसायों, सेवाओं तथा नए विचारों को भी समर्थन देने लगा।

...

और इस तरह सैम ने सर्वश्रेष्ठ गुणवत्ता के मज़बूत पत्थरों की नींव पर अपनी ज़िंदगी को दोबारा बनाया। उसकी कमाई हर महीने निश्चित नहीं होती थी, क्योंकि यह उसके ठेकों पर निर्भर रहती थी, परंतु आमदनी को ख़र्च करने का उसका तरीक़ा हमेशा निश्चित रहता था।

सूज़ेट की आमदनी कुछ समय तक तो कम रही, जब उसने नेटा को अपने मार्गदर्शन में सिखाया बहरहाल उसे मुनाफ़े की नहीं, बल्कि अपनी कला की अखंडता की वृद्धि और संरक्षण की चिंता थी। उसे अपने नए काम - एक युवती को मार्गदर्शन देने, अपने जीवनमूल्य और कला सिखाने - में आनंद आया। वह इस युवती में निवेश कर रही थी, ताकि किसी दिन वे पार्टनर बनकर अधिक ग्राहकों की सेवा करें।

जब सैम पर ग्रेको का विश्वास धीरे-धीरे दृढ़ होने लगा, तो इमारतों में सैम का कमीशन बढ़ने लगा। वह दिन भी आया, जब सैम को फ़ोरमैन के कामों के बीच में कारीगर का काम करने की ज़रूरत नहीं रही, क्योंकि उसके पास बहुत सारा काम आ गया। वह एक बार फिर से पूर्णकालिक फ़ोरमैन बन गया, जैसा वह दो साल पहले था। कुछ साल तक सैम अधिक बड़े और प्रतिष्ठित काम करता रहा। इसके बाद ग्रेको ने सैम को अपने पूरे गिल्ड के कार्यों का प्रभारी बना दिया तथा हर फ़ोरमैन और हर प्रोजेक्ट के प्रबंधन का भार सौंप दिया। सैम की बजट-संबंधी और संगठनात्मक योग्यताओं, उसकी चतुराई, दूरदर्शिता तथा उसकी प्रबंधन शैली ने उसे एक समझदार और उत्साही लीडर बना दिया। लेकिन ईश्वर के प्रति उसकी निष्ठा, शहरवासियों तथा अपने साथियों के प्रति उसके सच्चे प्रेम की वजह से उसे सभी लोगों का सम्मान और कारीगरों की निष्ठा हासिल हुई।

शहर और राज्य प्रगति कर रहे थे, इसलिए सैम और सूज़ेट के निवेश बढ़ते गए और पूरे वाणिज्यिक समुदाय के काम आने लगे। उनकी जीवनशैली में उस प्रचुर दौलत की झलक नहीं थी, जो उनकी देखभाल में बढ़ रही थी। बहरहाल, जब तूफ़ान के कारण शहर का एक ग़रीब इलाक़ा तहस-नहस हो गया, तो सैम और सूज़ेट ने उसके नवनिर्माण में मदद करने के लिए ख़ुशी-ख़ुशी दान दिया - और ऐसा करने में समर्थ होना कितना बड़ा वरदान था! जब नेटा के पिता एक गंभीर दुर्घटना के शिकार हुए, तो सैम और सूज़ेट ने उनका इलाज सबसे अच्छे चिकित्सक से करवाया और इलाज का पूरा ख़र्च उठाया - और ऐसा करने में समर्थ होना कितना बड़ा वरदान था! जब मार्था ने दूसरे शहर में जाकर महिलाओं के शिक्षण स्कूल में पढ़ने की इच्छा ज़ाहिर की, तो सैम और सूज़ेट के पास उसकी पढ़ाई, रहने-ठहरने, खाने-पीने और हर सप्ताह आने-जाने का ख़र्च उठाने के संसाधन थे - और ऐसा करने में समर्थ होना कितना बड़ा वरदान था!

अपनी सफलताओं के बावज़ूद सैम और सूज़ेट ने अपने आरामदेह घर में ही बने रहने का फ़ैसला किया। उन्होंने दो अतिरिक्त कमरे बनवा लिए, जिनसे उनकी बेटियाँ बहुत ख़ुश हुईं। इस तरह उन्होंने अपने घर को

सचमुच सुखी और आरामदेह बना लिया, जहाँ अच्छी पुस्तकें उनकी आत्मा को और अच्छा भोजन उनके शरीर को शक्ति देता था। सैम ने पहले कभी ख़ुद को इतना ख़ुशक़िस्मत - या समृद्ध महसूस नहीं किया था!

...

एक दिन राजा ने मुनादी करवाई कि वह एक समझदार और लगनशील व्यक्ति को खोज रहा है, जो योजना आयोग का प्रभारी बने और राज्य के विकास कर रहे शहरों की योजना बनाने की ज़िम्मेदारी ले।

"मैं एक ऐसा आदमी चाहता हूँ, जो ईश्वर की बुद्धिमत्ता के अनुरूप चलता हो!" राजा ने घोषणा की।

चर्च के लीडर्स ने कहा, "हम ऐसे आदमी को जानते हैं।"

"मैं एक ऐसा आदमी चाहता हूँ, जो प्राथमिकताएँ तय कर सके और उन पर चल सके!" राजा ने घोषणा की।

शिक्षकों ने कहा, "हम ऐसे आदमी को जानते हैं।"

"मैं एक ऐसा आदमी चाहता हूँ, जिसका उद्देश्य मेरे नागरिकों का हित हो और जो अपनी जेब भरने के लिए निर्णय न ले!" राजा ने घोषणा की।

मज़दूरों ने कहा, "हम ऐसे आदमी को जानते हैं।"

"मैं एक ऐसा आदमी चाहता हूँ, जिसने दूसरों को उन्मुक्तता से दान दिया हो," राजा ने घोषणा की।

विधवाओं ने कहा, "हम ऐसे आदमी को जानते हैं।"

"मैं एक ऐसा आदमी चाहता हूँ, जिसने न सिर्फ़ यह सीखा हो कि पढ़ा कैसे जाता है, बल्कि यह भी सीखा हो कि समझा कैसे जाता है!" राजा ने घोषणा की।

नगरसभा के सदस्यों ने कहा, "हम ऐसे आदमी को जानते हैं।"

"मैं एक ऐसा आदमी चाहता हूँ, जो योजना और बजट बनाने में निपुण हो, जो कर्ज़ और फ़िज़ूलख़र्ची से बचे!" राजा ने घोषणा की।

व्यापारियों ने कहा, "हम ऐसे आदमी को जानते हैं।"

"मैं एक ऐसा आदमी चाहता हूँ, जो इन शहरों की अच्छी चीज़ों को संरक्षित रखे, जो निवेश के मूल्य को जानता हो और जो वर्तमान योजना बनाते समय भविष्य का भी ध्यान रखे!" राजा ने घोषणा की।

"मैं ऐसे आदमी को जानता हूँ," ज्यॉफ़्री ने राजा से अकेले में मुलाक़ात करते हुए कहा।

"उसे मेरे पास लाओ," राजा ने घोषणा की।

...

इस तरह ऐसा हुआ कि जंगल से आया एक लकड़हारा विकासशील शहरों की योजना का प्रभारी बन गया, जिसमें पूरे राज्य के सर्वश्रेष्ठ चिंतक, योजनाकार और निर्माता शामिल थे। सैम के समझदारी भरे मार्गदर्शन में पूरे राज्य के लिए एक योजना बनाई गई। पुलों, नहरों, बाज़ारों और सड़कों की मरम्मत की गई, उन्हें दोबारा बनाया गया या नया बनाया गया। बगीचों और जंगलों का संरक्षण किया गया। खेती और व्यापार की गतिविधियों के लिए तराई, सिंचाई और दूरी के आधार पर इलाक़े तय किए गए। कई शहरों ने एक सी योजनाओं पर पहली बार सम्मिलित प्रयास किए - यह एक क्रांतिकारी विचार था, जिससे धन भी बचा और हर नागरिक के टैक्स का बोझ भी कम हुआ।

सैम ने मार्कस को राजा के साथ संपर्क-सूत्र (liaison) के रूप में नियुक्त किया, ताकि नागरिकों की भागीदारी और अपने समुदायों में निवेश को बढ़ाने के लिए नए विचार खोजे जा सकें। ये नए विचार सकारात्मक नियम बन गए। जो लोग स्कूल और चर्च बनवाने के लिए दान देते थे, उन पर कम टैक्स लगता था। जिन लोगों की फ़सल बर्बाद हो जाती थी, परंतु जिन्हें बीज की ज़रूरत होती थी, उन पर कम टैक्स लगता था। जो लोग विकलांगों और असहायों को सहायता देने तथा प्रशिक्षित करने के लिए तैयार होते थे, ताकि इन उपेक्षित नागरिकों को रोज़गार मिल सके और वे अपने शहर की समृद्धि का हिस्सा बन सकें - उन्हें इन नए कर्मचारियों के टैक्स में से तनख़्वाह दी जाती थी।

सैम ने हर निर्णय नहीं लिया, परंतु उसने बुद्धिमान लोगों को एकत्रित किया, जिन्होंने एक साथ मिलकर योजना बनाई - अखंडता और

दूर-दृष्टि के साथ। बहुत से व्यवसायों के लोगों, चिंतकों और आध्यात्मिक शिक्षकों, श्रमिकों, माता-पिताओं, युवाओं और वृद्धों के सहयोग से उसने राज्य के विकास की योजनाएँ बनाईं, जिनसे सभी शहरवासियों की ज़रूरतें पूरी हो सकें। शहर समृद्ध हुए। लोग समृद्ध हुए। सैम जानता था कि वह शिखर पर पहुँच गया है और वह अपनी ज़िंदगी में जो हासिल करना चाहता था, उसने वह हासिल कर लिया है...

लेकिन एक दिन...

...एक सफ़ेद बालों वाला आदमी हरा ऊनी कोट पहनकर नए टाउन हॉल में सैम के ऑफ़िस में उससे मिलने आया।

"मैं इसलिए आया हूँ, क्योंकि मैं एक चिंतातुर नागरिक हूँ," उसने सैम से कहा।

"आपकी चिंता क्या है? मैं आपकी कैसे मदद कर सकता हूँ?" सैम ने उठकर उसका अभिवादन करते हुए कहा।

"मुझे इस बात की चिंता है कि हमारे पास एक ऐसा संसाधन है, जिसका मूल्य कई पीढ़ियों से कम हो रहा है। हमारे राज्य के एक महत्वपूर्ण हिस्से तक अब भी वह समृद्धि नहीं पहुँची है, जो सबके लिए उपलब्ध है। हमें इस उपेक्षित संसाधन को संरक्षित करना चाहिए और इसमें निवेश करना चाहिए, वरना मैं यक़ीन के साथ कह सकता हूँ कि हम सब घाटे में रहेंगे।"

सैम ने ध्यान से सुना। फिर उसने बहुत सम्मान के साथ कहा, क्योंकि उसने अपने सामने मौज़ूद व्यक्ति को पहचान लिया था, "मेनरो, यह आप हैं। दो बार आप मुझसे समझदारी भरी बातें कह चुके हैं। बीस साल से भी ज़्यादा समय पहले आपने मुझे एहसास दिलाया था कि मैं सबसे अच्छी जलाऊ लकड़ी - या अपना सर्वश्रेष्ठ काम - नहीं बेच रहा हूँ। दस साल पहले आपने मुझे मैगोविन के पास भेजा था, ताकि मेरे क़दम सही रास्ते पर आ जाएँ। मुझे बताएँ कि आप अब क्या कहना चाहते हैं, क्योंकि मुझे आपकी बातों पर भरोसा है।"

"मैं जंगल की गहराई में बसे अपने भाई-बहनों के बारे में बोलना

चाहता हूँ।”

सैम लंबे समय तक ख़ामोश रहा। आख़िरकार वह थोड़े थके अंदाज़ में बैठ गया, “मैं उन लोगों को जानता हूँ, मेनरो। अक्सर मैं उनके बारे में सोचता हूँ। मेरे अपने माता-पिता तो काफ़ी समय पहले गुज़र गए थे, लेकिन ऐसे कई लोग हैं, जिनकी मुझे समय-समय पर याद आती रहती है।”

सैम ने इस परिष्कृत व्यक्ति से दुख और पश्चाताप के साथ कहा, “और आपका हृदय विशाल है, जो आप उनकी परवाह करते हैं। लेकिन मैं आपको बता दूँ कि वे हमारी सड़कों, ईंटों की इमारतों, नहरों और पार्कों की परवाह नहीं करते हैं। वे अपने भाग्य से संतुष्ट हैं और वे हमेशा ऐसे ही रहेंगे। जब तक वे ख़ुद को शहर के भिखारियों से बेहतर समझेंगे, तब तक वे अपनी ग़रीबी पर गर्व करते रहेंगे। मैं उनके तरीक़ों और विचारों को जानता हूँ। मैं आपको विश्वास दिलाता हूँ कि वे शहर में हमारे साथ रहने के लिए नहीं आएँगे। वे हमारी समृद्धि का हिस्सा बनने के लिए कभी तैयार नहीं होंगे। उनके पास निवेश करने के लिए धन नहीं है, सपने नहीं हैं... और आशा भी नहीं है। उनके दिल में हमारे लिए प्रेम नहीं है, मेनरो।”

दृढ़ संकल्प से भरे मेनरो ने अधिकार भरी आवाज़ में कहा, “इससे कोई फ़र्क़ नहीं पड़ता है कि उनके दिल में हमारे लिए प्रेम है या नहीं। क्योंकि ईश्वर के दिल में उनके लिए प्रेम है। अगर उन्हें हमारी बड़ी इमारतों की परवाह नहीं है, तो मत होने दो। हम उनके लिए शहर से उनके गाँव तक एक पक्की सड़क बनवा दें - ताकि उन्हें यह पता चले कि वे इतने मूल्यवान हैं कि उनके लिए यह प्रयास किया गया। फिर हम उनके गाँव में शिक्षक और पादरी भेजें। ईश्वर यह परवाह नहीं करता है कि उनके पास निवेश करने के लिए धन नहीं है। परंतु वह यह परवाह ज़रूर करता है कि हमारे पास बहुत कुछ होने के बावज़ूद हम अपने संसाधनों और समय का निवेश उन लोगों की उन्नति के लिए नहीं करते हैं।

“शायद तुम्हारा सोचना सही हो, सैम और वे शहर में रहने के लिए तैयार न हों। परंतु शायद एक ऐसा बच्चा हो, जो पढ़ना सीख ले

और उसके मन में आशा जाग जाए। शायद दर्द में कराहता कोई ऐसा बच्चा हो, जो चिकित्सा को स्वीकार कर ले और उसके मन में आशा जाग जाए। शायद कोई ऐसी युवती हो, जिसने अपने विचारों को मन में ही दबा रखा हो और पादरी के साथ बातें करने के बाद उसकी आशा जाग जाए। और शायद सैम, कोई ऐसा भी युवक हो, जो टहनियाँ व शाखाएँ बटोरता हो और बेहतर जीवन के सपने देखता हो, जिसे तुम्हारे उदाहरण से प्रेरणा मिल जाए और उसके मन में आशा जाग जाए। यह एक ऐसा काम है, जिसके लिए क़दम उठाना ही चाहिए। यह एक बहुमूल्य निवेश है। सचमुच बहुमूल्य निवेश है।"

ये समझदारी के शब्द लकड़हारे के दिल की गहराइयों में उतर गए। वह एक सम्मानित और समृद्ध ज़िंदगी जी रहा था। वह दौलतमंद और प्रभावशाली बन चुका था। उसने महान निर्माण कार्य होते और सांस्कृतिक केंद्रों को बनते देखा था। राजा उसका सम्मान करता था, उसके पास आशातीत दौलत थी और वह अपने कैरियर के सर्वोच्च शिखर पर पहुँच चुका था। फिर भी न जाने क्यों उस पल - हरे ऊनी कोट वाले वृद्ध व्यक्ति के सामने, जो दयालुता से उसकी तरफ़ देख रहा था - उसे ऐसा लगा, जैसे उसके सामने बहुत बड़ा काम पड़ा है...

सैम खड़ा हुआ और उसने मेनरो से हाथ मिलाते हुए कहा, "आइए, हमें एक नई राह बनाना है।"

सर्वश्रेष्ठ समृद्धि के 7 नियम

1. बुद्धिमत्ता का नियम
   सर्वश्रेष्ठ बुद्धिमत्ता का निवास ईश्वर के विचार और प्रेम में है।
2. प्राथमिकता का नियम
   स्थायी सफलता सिर्फ़ तभी मिलती है, जब व्यक्ति दैवी निर्देश के अनुरूप सभी स्तरों पर प्राथमिकताएँ तय करता है, जिनमें आर्थिक मामले शामिल हैं।
3. उद्देश्य का नियम
   दूसरों के प्रति बिना शर्त का प्रेम सार्थक जीवन और काम की प्रेरणा देता है।
4. उदारता का नियम
   सेवा करने और दान देने से दूसरों के साथ-साथ आपको भी लाभ होता है।
5. समझ का नियम
   सच्चे ज्ञानी व्यक्ति के चरम लक्ष्य हैं : ईश्वर की तरह प्रेम करना, उसकी आँखों से देखना और उसकी तरह सोचना।
6. तैयारी का नियम
   ज़िंदगी के संसाधनों की ज़िम्मेदारी उठाने और उनके समझदारीपूर्ण प्रबंधन के लिए सचमुच महत्वपूर्ण लक्ष्य तथा सुविचारित योजना के प्रति समर्पण की ज़रूरत होती है।
7. संरक्षण का नियम
   समझदारीपूर्ण संरक्षण से धन, सिद्धांत, जीवनमूल्य और आध्यात्मिक मार्गदर्शन एक पीढ़ी से दूसरी पीढ़ी तक हस्तांतरित होता रहता है।

लेखक के बारे में

सेसिल ओ. केम्प जूनियर एक छोटे खेत पर पले-बढ़े। उन्होंने अपनी बचपन की प्रेयसी पैटी से शादी की। उनकी शादी को तीस साल हो चुके हैं। उनके दोनों बच्चे विवाहित हैं और केम्प दंपति चार नाती-पोतों का आनंद ले रहे हैं।

1971 में केम्प ने स्नातक की उपाधि ली और एक बड़ी अंतर्राष्ट्रीय अकाउंटिंग कंपनी में सी.पी.ए. के रूप में अपना कैरियर शुरू किया। 23 साल की उम्र में वे एक कंपनी के चीफ़ फ़ाइनैंशियल ऑफ़िसर बन गए और 30 साल की उम्र से पहले इसके चीफ़ ऑपरेटिंग ऑफ़िसर बने। 1982 से 1998 तक केम्प दंपति कई सफल व्यवसायों के स्वामी और संचालक थे। 1993 में सेसिल एक दुर्घटना में बाल-बाल बचे। 1995 में उनके पिता की अप्रत्याशित मृत्यु हो गई। इन घटनाओं से सबक़ सीखते हुए केम्प दंपति ने अपनी कंपनियाँ बेच दीं और अपनी पूरी ऊर्जा लिखने, प्रकाशन और भाषण देने में लगा दी।

सेसिल की पुस्तकें दिल से लिखी गई हैं और वे प्रेरणा और बुद्धिमत्ता के सबक़ सिखाती हैं।